淮南子

HUAINANZI

〔西汉〕刘　安◎著

光明日报出版社

图书在版编目（CIP）数据

淮南子 /（西汉）刘安著 . -- 北京 : 光明日报出版社，2014.7（2024.3 重印）

（光明岛）

ISBN 978-7-5112-6312-4

Ⅰ . ①淮… Ⅱ . ①刘… Ⅲ . ①杂家—中国—西汉时代 Ⅳ . ① B234.4

中国版本图书馆 CIP 数据核字（2014）第 069553 号

淮南子

HUAINANZI

著　　者：〔西汉〕刘　安

责任编辑：李　倩　　　　责任校对：王腾达

封面设计：博文斯创　　　　责任印制：曹　净

出版发行：光明日报出版社

地　　址：北京市西城区永安路 106 号，100050

电　　话：010-67022197（咨询），67078870（发行），67019571（邮购）

传　　真：010-67078227，67078255

网　　址：http://book.gmw.cn

E - mail：lijuan@gmw.cn

法律顾问：北京德恒律师事务所龚柳方律师

印　　刷：北京一鑫印务有限责任公司

装　　订：北京一鑫印务有限责任公司

本书如有破损、缺页、装订错误，请与本社联系调换，电话：010-67019571

开　　本：150mm × 220mm　　　　印　　张：12

字　　数：150 千字

版　　次：2014 年 7 月第 1 版

印　　次：2024 年 3 月第 4 次印刷

书　　号：ISBN 978-7-5112-6312-4

定　　价：29.80 元

目　录

卷一　原道训

夫道者，覆天载地，廓四方，柝八极。[①]高不可际，深不可测。包裹天地，禀授无形。[②]源流泉浡，[③]冲而徐盈；[④]混混汩汩，[⑤]浊而徐清。故植之而塞于天地，横之而弥于四海。[⑥]施之无穷，而无所朝夕。[⑦]舒之幎于六合，[⑧]卷之不盈于一握。约而能张，[⑨]幽而能明，弱而能强，柔而能刚。横四维而含阴阳，纮宇宙而章三光。[⑩]甚淖而滒，[⑪]甚纤而微。山以之高，渊以之深，兽以之走，鸟以之飞，日月以之明，星历以之行，[⑫]麟以之游，凤以之翔。

【注释】

①廓：扩大。柝(tuò)：开拓。

②禀授：禀，给也；授，予也。

③源：源头。浡(bò)：涌动。

④冲：引申为空虚。冲而徐盈：由空虚慢慢充满。

⑤混混：水流急速滚翻的样子。汩汩：水速快。

⑥植：竖立。塞：充满。弥：弥漫。这两句从空间的方面形容道很阔大。

⑦施：延。这两句从时间的方面表示道的永恒。

⑧舒：展开。幎(mì)：帐幔，引申为覆盖。六合：上下和四方，泛指天下。

⑨约：捆束。

⑩纮(hóng)：纲，大绳，引申为维系。宇宙：上下四方曰宇，古往今来曰宙，宇宙指空间和时间。章：通“彰”，彰显。三光：太阳、月亮和星辰。

⑪淖(nào)：稀薄的烂泥。滒(gē)：黏稠的样子。本句形容道有质而无固定形态。

⑫星历：星辰。

【译文】

道，覆盖着天，承载着地，拓展至四面八方，高到不可触顶，深至无法测底，包裹着天地，在无形中萌育吐纳万物。像泉水从源头处渤涌出来，开始时虚缓，慢慢地盈满，滚滚奔流，逐渐由浊变清。所以它立起来能充满天地之间，平铺开来能笼罩四海。它施用不尽，从早到晚不间断。它舒展开来能覆盖天地四方，收缩卷起却又不满一把。它既能收拢起来，又能舒展开来；既能藏在幽暗处，又能彰显明亮；它能由弱小变强壮；由柔软变刚硬。"道"充满了整个天地，蕴含着阴阳之气的变化，统领着时间和空间，令日月星辰彰显明亮。它比烂泥还黏稠，比纤维还细微。然而，高山凭借它才高耸，水渊凭借它才幽深，野兽依靠它才能奔跑，飞鸟依靠它才能翱翔，日月依靠它才能发光，星辰依靠它才能运行，麒麟凭借它才能出游，凤凰凭借它才能翱翔。

泰古二皇，①得道之柄，立于中央。神与化游，②以抚四方。是故能天运地滞，③轮转而无废，水流而不止，与万物终始。风兴云蒸，事无不应；雷声雨降，并应无穷。鬼出电入，④龙兴鸾集，⑤钧旋毂转，周而复匝。⑥已雕已琢，还反于朴。⑦无为为之而合于道，无为言之而通乎德。……是故大丈夫恬然无思，⑧澹然无虑。⑨以天为盖，以地为舆，⑩四时为马，阴阳为御。⑪乘云陵霄，与造化者俱。⑫……上游于霄雿之野，⑬下出于无垠之门，浏览遍照，复守以全。经营四隅，还反于枢。故以天为盖，则无不覆也；以地为舆，则无不载也；四时为马，则无不使也；阴阳为御，则无不备也。……执道要之柄，而游于无穷之地。是故天下之事不可为也，⑭因其自然而推之。⑮万物之变不可究也，秉其要归之趣。⑯……

【注释】

①泰古：远古。二皇：伏羲和神农两位古代帝王。

②神：精神。化：造化，这里指大自然。

③运：运行。滞：停止。指天地与动静的对应。

④电：闪电、雷光。

⑤鸾(luán)：传说中凤凰一类的鸟。

⑥钧：制陶器所用的转轮。毂(gǔ)：车轮中心，有洞可以插轴的部分，借指车轮或车。匝(zā)：圆周。

⑦朴：原木。

⑧大丈夫：体悟了道的人。

⑨澹(dàn)：淡。

⑩盖：车盖，古代车上用来遮阳避雨的伞。舆：车厢，指车。中国古代有盖天说，认为天像一把无柄的伞遮蔽大地。这里是说天像伞一样覆盖一切，大地像车辆一样承载万物。

⑪御：驾驶车马。

⑫造化：创造、化育。造化者：指道。

⑬霄雿(diào)：清寂幽深。

⑭为：人为，人主观的作为。

⑮因：顺着。推：助推。

⑯秉：掌握。要：关键。归：旨趣。

【译文】

远古的伏羲、神农两位帝王，把握了道的关键，他们站立在天地中央。他们的精神和自然的变化一起造化游荡，凭此安抚着整个天下，所以能像天那样运行，像地那样停止不动，像车轮运转不停，像水流奔腾不止，和万物一起生兴衰亡。他们的精神像风起云动，没有事情不能迎刃而解；像打雷下雨，所有的事情都彼此感应；像鬼神一样出现，像雷电一样侵入；像龙的腾飞，像凤凰的栖集；像转轮和车轴的转动，周转不停；看起来已经被雕刻成型，磨得发光了，却又没丧失原来的本质。二帝没有刻意去做什么却做成了一切，并且和道的本质相合；二帝没有刻意去说什么却流传了言教，并且和人的德行相合。……所以，体悟“道”的人，应当悠闲平淡，不要胡思乱想。把天当车盖，把地当车厢，把四季当拉车的马，把阴阳当驾车的车夫，乘着云雾，越过高空，和造物主并行。……向上在清寂幽深的天堂遨游，向下从开敞的门户间进出，四处游览，各方面观察，最后重新回到完整的"道"。去经营四方,最终却要回归"道"的中枢。所以,把天当车盖,没有什么不能遮盖的;把地当车厢,没有什么不能承载的;把四时当马,就没有什么不能驱使了;把阴阳当车夫,就没有什么不能掌握了。……掌握了"道"的本质,就能够在无边无际的空间遨游。所以,天下的事不能刻意去做,只能顺着它的自然规律去帮助完成。人不可能去深究万物的细微变化,只能掌握它的趋向。……

人生而静,天之性也;感而后动,①性之害也。物至而神应,知之动也;②知与物接,而好憎生焉。好憎成形,而知诱于外,不能反己,而天理灭矣。故达于道者,不以人易天。外与物化,而内不失其情。③……

【注释】

①感:感觉到外部事物。动:有所动作。

②物:外部事物。神:内在精神。

③情:内心真实的情绪状况。

【译文】

人生下来就爱平静,这是上天给予的本性;感触到外部事物后才会有所变动,这是对天性的伤害。感触到外物,人的精神就会有反应,心智就开始活动。人的心智和外物有接触,就产生了喜欢和厌恶的倾向。喜好和厌恶的倾向一旦形成,人的心智就会被外物诱惑,不能返回自己的本性,天生的本性也就丧失了。所以,领悟了"道"的人,不会用人的有意行为来取代天性。虽然他外在表现得跟随外物而变化,却始终不丧失内心真实的性情。……

昔者夏鲧作三仞之城,①诸侯背之,海外有狡心。②禹知天下之叛也,③乃坏城平池,④散财物,焚甲兵,施之以德,海外宾伏,⑤四夷纳职。⑥合诸侯于涂山,⑦执玉帛者万国。⑧故机械之心藏于胸中,⑨则纯白不粹,⑩神德不全。⑪在身者不知,⑫何远之所能怀?⑬……故体道者逸而不穷，任数者劳而无功。

【注释】

①鲧(gǔn)：大禹的父亲，因为治水失败，被舜处死。仞：古代计量单位，周尺八尺或汉制七尺。

②背：背对，指诸侯背离叛乱。狡心：狡诈的企图。

③叛：本义半路分手，指背叛，分裂。

④坏：毁坏。平：填平。

⑤宾：顺从。伏：归附。顺从归附。

⑥四夷：古代对中原华夏族之外少数民族的统称，又按他们所处位置分为东夷、西戎、南蛮、北狄，是带贬义的称谓。职：进贡、述职。受封诸侯向天子进献财物，汇报政绩。

⑦合：集合。涂山：古地名。

⑧玉帛：玉器和丝帛，都是珍贵礼品。执玉帛者：指带着玉器丝帛参加会盟的诸侯。

⑨机械：机巧之术。

⑩纯白：纯净洁白的素丝。粹：纯粹。

⑪德：内在的本性。

⑫在身者：自己本身所具有的。

⑬怀：安抚，令别人顺服。

【译文】

以前，夏朝的鲧修建了三仞高的都城，诸侯们就背叛了他，国外的人有了狡诈的企图。大禹知道天下将要分裂叛乱，于是把城墙拆除了，把护城河填平，散发财物给人们，烧毁了盔甲兵器，用德政治理人民，国外的人都归顺臣服，四方的蛮夷也来进贡述职。大禹于是在涂山大会诸侯，上万的诸侯国君带着玉器丝帛来会盟。所以，胸中藏有狡诈算计之心，就像素帛不再纯净洁白，人的精神和德行就不再纯粹了。如果对自身都不了解，又如何安抚远方来归顺？……所以，体悟“道”的人安逸却享受不穷，多方谋求的人辛苦却不会有功劳。

夫峭法刻诛者,[1]非霸王之业也;棰策繁用者,[2]非致远之术也。离朱之明,[3]察针末于百步之外,[4]不能见渊中之鱼;师旷之聪,[5]合八风之调,[6]而不能听十里之外。故任一人之能,不足以治三亩之宅也;修道理之数,[7]因天地之自然,则六合不足均也。[8]是故禹之决渎也,[9]因水以为师;[10]神农之播谷也,因苗以为教。……由此观之,万物固以自然,圣人又何事焉!

【注释】

①峭(qiào):又高又陡,这里比喻法律严酷。刻:用刀深挖,比喻刻薄。诛:惩罚。

②棰(chuí)策:马鞭。

③离朱:传说黄帝手下眼力极好的人。明:视力好。

④察:观察。

⑤师旷:春秋时晋平公的乐师,听力超人,精通音律。

⑥合:和。八风:八,八方,指天下;风,风俗歌谣。

⑦修:修缮,顺从。数:天命,引申为规律。

⑧六合:天地四方。均:平,平衡。

⑨禹:鲧的儿子。吸收鲧堵塞治理洪水失败的教训,改用疏导的方法成功解除水患。决:疏通河道、引导水流。渎:水沟,泛称河川。

⑩因水以为师:从水势下流的规律中学习。

【译文】

实行严刑苛法治理国家,不是成就霸王之业的人所应做的;用鞭子频频刺激坐骑,不是赶远路的方法。以离朱那样好的眼力,能看清百步之外的针尖,却看不见深水里的鱼;以师旷极好的听力,能调和天下的风俗歌谣,却无法听到十里外的声音。所以,只靠一个人的能力,治理不好三亩大的宅院;但按照"道"的规律,顺应天地自然,就是平定天地四方也不难。所以大禹疏导河流洪水,是从水势往下流的规律中学到的;神农播种五谷,是根据不同禾苗的生长规律作为指导的。……由此看来,万物本来就各有各的规律,得"道"的人又何必处理它们呢!

九疑之南，[①]陆事寡而水事众，于是民人被发文身，[②]以像鳞虫；短绻不绔，[③]以便涉游；短袂攘卷，[④]以便刺舟，[⑤]因之也。雁门之北，[⑥]狄不谷食，[⑦]贱长贵壮，俗尚气力；人不弛弓，[⑧]马不解勒，[⑨]便之也。故禹之裸国，解衣而入，衣带而出，因之也。……是故达于道者，反于清净；究于物者，终于无为。

【注释】

①九疑：山名，在今湖南宁远县南。

②被：剪断。

③绻：有裆的短裤。绔(kù)：没裆的套裤。

④袂(mèi)：衣袖，袖口。攘：捋起来。攘卷：捋起袖子卷起来。

⑤刺舟：撑船。

⑥雁门：山名，在今山西代县西北。

⑦狄：泛指古代北方少数民族。

⑧弛：放松弓弦。

⑨勒：套在牲畜上带帽子的笼头。

【译文】

在九疑山以南的地方，人们从事陆地上的活动少从事水里的活动多，所以人们都剪发文身，模仿鱼龙的形象；穿着短裤和短裙，方便涉水游渡；穿着短袖衣服或将袖子撸起来，方便撑船，这是根据当地环境选择的。在雁门山以北的地方，北方少数民族不吃谷物，轻视老年人而看重青壮年，有崇尚力量的风俗；人们带着弓弦不放松，马带着的笼头不解开，这也是根据当地环境选择的。所以，禹到了裸国，进去的时候脱掉衣服，出来后再穿上，也是根据当地的风俗。……所以，精通“道”的人，必返于清净的天性，探究事物本性的人必终结丁自然无为。

以恬养性，以漠处神，则入于天门。[①]所谓天者，纯粹朴素，质直皓白，未始有与杂糅者也。所谓人者，偶睽智故，[②]曲巧伪诈，所以俯仰于世人，[③]而与俗交者。故牛歧蹄而戴角，[④]马被髦而全足者，[5]天也；络马之口，穿牛之鼻者，人也。循天者，与道游者也；随人者，与俗交者也。……故圣人不以人滑天，[6]不以欲乱情……圣人内修其本，而不外饰其末；保其精神，偃其才智；[7]故漠然无为而无不为也，澹然无治而无不治也。所谓无为者，不先物为也；所谓无不为者，因物之所为。所谓无治者，不易自然也；[8]所谓无不治者，因物之相然也。[9]……

【注释】

①恬：恬静。漠：淡漠。天门：通过自然的门路。

②偶：同"隅"，角落，指偏僻不正。䁟(chá)：差，偏差。偶䁟：各有偏差不公正。智：机智。故：意图。

③俯仰：俯视和仰视，指上下周旋曲意逢迎的姿态。

④歧：分岔。歧蹄：分叉的蹄子。戴角：头上长角。

⑤被：披。髦：脖子上的长毛。

⑥滑(gǔ)：使混乱。

⑦偃：消停。

⑧易：更改。

⑨相然：符合本性。

【译文】

以恬静养性，用淡漠修神，就能进入天然的境界。所谓"天然"，就是心性纯粹朴素，本质正直无华，还没有杂质与它相互交错糅合。所谓"人为"，是指人性参差不正，有算计和企图，虚伪狡诈有技巧，曲意逢迎与人周旋。所以，牛有开裂的蹄子头上长角，马有完整的蹄子脖子上长有鬃毛，这是"天然"；用马笼头络着马嘴，用绳子穿过牛鼻，这就是"人为"。顺从天然就是与"道"一起遨游；顺从人为就是与世俗交往混同。……所以圣人不会用人为来扰乱"天然"，不会用欲望来扰乱真性。……圣人向内修养本性，而不是向外修饰无关紧要的东西；他保养自己的精神，停止心智的算计；因此能够淡漠无所作为却又没有什么事情没做到，能够淡然无所治理，却又没有什么事情没得到治理。所谓"无为"，就是不事先改变事物；所谓“无不为”，就是顺从事物自然的变化。所谓“无治”，就是不改变自身的本性；所谓“无不治”，就是使事物符合本性。……

故得道者，志弱而事强，心虚而应当。[①]……动不失时，与万物回周旋转，不为先唱，[②]感而应之。是故贵者必以贱为号，而高者必以下为基。……故欲刚者，必以柔守之；欲强者，必以弱保之。积于柔则刚，积于弱则强。……兵强则灭，木强则折，革固则裂，齿坚于舌而先之敝。是故，柔弱者，生之干也；而坚强者，死之徒也。

【注释】

①志弱：意志柔弱。事：从事。心虚：内心空虚，没有先入之见。应：回应。应当：应该，当然，指适合正确。

②唱：倡导。

【译文】

所以得道的人，意志柔顺，做事情却干脆利落；内心空虚没有先入之见，反应准确适当。……举动不失时宜，与万物一起运行周转，不首先倡导，感受到后回应它们。所以，尊贵的一定会用谦卑的名号称呼自己，高耸的一定会以低下的东西作为基础。……所以，想要刚强的必须用柔顺来守护；想要强大的必须用微弱来保养。积累柔顺就会变得刚强；积累微弱就会变得强大。……兵器太刚脆，就容易被摧毁；木料坚硬挺拔，就容易被折断；皮革太过坚固，就容易裂开；牙齿比舌头坚硬却会先损坏。所以，柔弱才是能够生存的关键，而坚强则是通往死亡的道路。

先唱者，穷之路也；后动者，达之原也。……何者？先者难为知，而后者易为攻也。[①]先者上高，则后者攀之；先者踰下，则后者蹶之；[②]先者隤陷，[③]则后者以谋；先者败绩，[④]则后者违之。由此观之，先者则后者之弓矢质的也。[⑤]……所谓后者，非谓其底滞而不发，[⑥]凝竭而不流，贵其周于数而合于时也。[⑦]夫执道理以耦变，[⑧]先亦制后，后亦制先。是何则？不失其所以制人，人不能制也。……是故圣人守清道而抱雌节，[9]因循应变，常后而不先。柔弱以静，舒安以定，攻大礳坚，[10]莫能与之争。

【注释】

①攻：功效。

②蹍（niǎn）：踩踏。

③隤（tuí）：摔倒。陷：陷阱。

④败绩：失败的结果。

⑤弓矢：弓和箭。质的：箭靶靶心，借指目标。

⑥底滞：停止。

⑦周：周全。数：道理，规律。时：时宜。

⑧耦：契合。

⑨清道：清静之道。雌节：雌与雄相对，指柔顺的节操。

⑩礳（mò）坚：消磨坚固的事物。礳，同“磨”。

【译文】

率先倡导，是陷入穷困的途径；随后而动，才是达到目的的原理。……为什么呢？因为先行动难以做到明智，后行动容易取得成功。先行者登高，后随者可以跟着攀爬；先行者越过低处，后随者跟着踩踏而过；先行者摔倒进陷阱，后随者重新谋划出路；先行者有失败的迹象，后随者可以吸取教训重新做。由此看来，先行者就像后随者的弓箭和靶子，盯着目标。……所谓后，并不是停下来不行动，凝固住不流动起来，后动的可贵之处在于符合规律合乎时宜。如果掌握规律应对变化，先行的可以制约后行的，后行的也可以制约先行的。这是为什么呢？没有失去可以制约别人的因素，别人也就无法制约你。……所以圣人坚守清静之道，抱持柔顺的节操，顺从规律应对变化，往往处在后发的位置而不争先行动。柔顺所以清净，舒适安详所以稳定，却可以攻克高大消磨掉坚硬的东西，没有什么能与它竞争。

天下之物，莫柔弱于水。然而大不可极，深不可测，修极于无穷，远沦于无涯。[1]……与万物始终，是谓至德。夫水所以能成其至德于天下者，以其淖溺润滑也。[2]故老聃之言曰："天下至柔，驰骋天下之至坚。出于无有，入于无间。吾是以知无为之有益。"夫无形者，物之大祖也；无音者，声之大宗也。其子为光，其孙为水，皆生于无形乎！夫光可见而不可握，水可循而不可毁。故有像之类，莫尊于水。……

【注释】

①沦：沉没。

②淖溺：柔和的样子。

【译文】

天下没有比水更柔弱的东西了。然而水大无边际，深不可测；长无尽头，远至无涯……它伴随万物的整个始终，这就是最高的德行。水之所以能使自己成为天下最高的德行，就在于它柔和润滑的本质。所以老子说："天下最柔软的事物能够驱使天下最坚硬的事物。从无形中产生，进入无间隙之中。我因此知道了无为的好处。"那无形的，才是万物最根本的源头；那无音的，才是声响最根本的宗主。无形的子孙是光和水，都产生于无形之中。光看得见，但是不能掌握；水可以顺从，却不能毁断。所以有形状的事物中，没有哪个比水尊贵。……

卷二　俶真训

有始者，有未始有有始者，有未始有夫未始有有始者。有有者，有无者，有未始有有无者，有未始有夫未始有有无者。①

【注释】

①这段话见于《庄子·齐物论》，庄子的本意是，如果寻找时间的源头，会陷入无穷尽的追溯，没办法找到时间的起始，但是《淮南子》根据这一段有关时间的推演，把它发挥成宇宙生成的不同阶段以及各阶段的状态。

【译文】

宇宙有"开始"的时候，有"尚未开始"的时候，有还没有"尚未开始"的时候。宇宙中存在着"有"，存在着"无"，存在着还没有"有"和"无"的状态，存在着还没有这个没有"有"和"无"的状态。

所谓有始者，繁愤未发，①萌兆牙蘖，②未有形埒垠堮，③无无蠕蠕，④将欲生兴而未成物类。⑤

有未始有有始者，天气始下，地气始上，阴阳错合，相与优游竞畅于宇宙之间。⑥被德含和，⑦缤纷茏苁，⑧欲与物接而未成兆朕。⑨

有未始有夫未始有有始者，天含和而未降，地怀气而未扬，虚无寂寞，萧条霄雿，⑩无有仿佛，⑪气遂而大通冥冥者也。⑫

【注释】

①繁愤未发：含苞未放的状态，形容宇宙即将生成。繁，杂乱而多。愤，饱满要喷发的样子。

②萌兆牙蘖：草木初生。牙：嫩芽。兆：征兆，开始。蘖：树木砍去后

从残存茎根上长出的新芽,泛指植物近根处长出的分枝。

③埒(liè):矮墙。垠(yín):边界。堮(è):地面凸起成界线的部分。

④无无:万物将成而未成的样子。蠕蠕:蠕动开始有所活动的样子。

⑤生兴:生成并兴旺起来。

⑥优游:自由自在的样子。竞畅:竞相畅游的样子。

⑦被:披,覆盖。含:蕴含。

⑧茏苁(lóng cōng):草木茂盛。这里形容阴阳二气弥漫的样子。

⑨兆朕:事物的征兆。兆,古代占验吉凶时灼龟甲所成的裂纹。朕,征兆。

⑩萧条:冷清衰落。霄雿:清寂幽深的样子。

⑪无有仿佛:似有似无的样子。

⑫遂:顺。冥冥:黑暗,形容宇宙未生成的混沌状态。

【译文】

所谓有"开始"的时候,是说宇宙万物含苞待放,芽蘖萌动,但还没有形成枝叶,如同新芽萌发还没有清晰有别的形体,生命物质蠢蠢蠕动开始有所动作,快要生长并兴旺起来但还没有形成不同的物类。

所谓有"尚未开始"的时候,是说上天的阳气开始下降,大地的阴气开始上升,阴阳之气交错混合,一起在宇宙中竞相游荡。覆盖在德泽的滋润,蕴含着和谐,缤纷丰富,将要生成万物的具体形态但还没有出现征兆。

所谓有还没有"尚未开始"的时候,是说天蕴含的阳气还没有下降,地蕴藏的阴气还没有上升,整个宇宙虚无寂寞,萧条落寞,幽深晦暗,似有似无,气在生成后在黑暗混沌中流通。

有有者,言万物掺落,[①]根茎枝叶,青葱苓茏,[②]萑蔰炫煌;[③]蠉飞蠕动,[④]蚑行哙息,[⑤]可切循把握而有数量。[⑥]

有无者,视之不见其形,听之不闻其声,扪之不可得也,[⑦]望之不可极也,储与扈冶,[⑧]浩浩瀚瀚,不可隐仪揆度而通光耀者。[⑨]

有未始有有无者,包裹天地,陶冶万物,大通混冥。深闳广大,[⑩]不可为外,析毫剖芒,[⑪]不可为内。无环堵之宇,[⑫]而生有无之根。

有未始有夫未始有有无者，天地未剖，阴阳未判，四时未分，万物未生，汪然平静，[13]寂然清澄，莫见其形。……

【注释】

①掺落：纷纷飘落。

②苓茏：枝叶茂盛的样子。

③萑蒦（wéi hù）：草木茂盛的样子。炫煌：色彩缤纷的样子。

④蠉（xuān）：虫子屈曲爬行或飞。蠕（rú）：虫慢慢地爬动。

⑤蚑行喙息：虫的爬行鸟的喘息，指生命活动。蚑，一种小虫。喙，鸟嘴。

⑥切：贴近。循：抚摩。

⑦扪（mén）：摸，按。

⑧储与扈冶：广大而丰富。

⑨隐仪揆度：掌握和量度的意思。

⑩闳（hóng）：阔大。

⑪毫：毫毛。芒：草尖。

⑫环堵：四周有墙的空间。堵，土墙。

⑬汪然：浩大的样子。

【译文】

所谓有"有"，是指这时万物生成繁茂、长大众多相互交杂，植物根茎枝叶变得青翠斑斓、郁郁葱葱、花儿鲜丽，动物昆虫爬行或飞行，禽兽用脚行走，用嘴呼吸，这些都可以触摸感觉得到，并可以数量计算。

所谓有"无"，是指这时的宇宙空间，视之不见它的形状，听之不闻它的声音，触摸不到它的形体，望而难见它的尽头，广大无边，浩浩瀚瀚，难以用仪器测量计算，没法观察掌握，没有光相通。

所谓还没有"有"和"无"的状态，是说天地包裹在一起，万物在其中陶冶，混沌和黑暗广大无边相互贯通。它深厚宏大，无法知道他的外部边界，像剖开毫毛草尖那样探索它的细微，无法找到它内部的极限。没有环绕四面八方的边界，却是产生有和无的根源。

所谓有还没有这个没有“有”和“无”的状态，是说天地一体还没有剖开，阴阳二气还没有办法辨别，四时还没有办法区分明确，万物还都没有产生，一切广阔而宁静，寂静而清净澄澈，没有办法看到它的形状。……

夫大块载我以形，[1]劳我以生，逸我以老，休我以死。善我生者，乃所以善我死也。[2]夫藏舟于壑，藏山于泽，人谓之固矣，虽然，夜半有力者负而趋，寐者不知，犹有所遁。[3]若藏天下于天下，则无所遁其形矣。物岂可谓无大扬攉乎？[4]一范人之形而犹喜，[5]若人者，千变万化而未始有极也。弊而复新，其为乐也，可胜计邪？[6]譬若梦为鸟而飞于天，梦为鱼而没于渊，方其梦也，不知其梦也，觉而后知其梦也。今将有大觉，然后知今此之为大梦也。[7]始吾未生之时，焉知生之乐也，今吾未死，又焉知死之不乐也？……夫圣人用心杖性，依神相扶而得终始。是故其寐不梦，其觉不忧。

【注释】

①大块：大地。

②善：好，成全。

③遁：逃避、躲闪。

④扬攉：粗略，大体的形态。攉，通“榷”。

⑤范：冶铸用的模具。范人之形：用具有人形的模具来打造人形之体。

⑥胜：尽。

⑦“譬若梦”七句：出自《庄子》，拼合《大宗师》和《齐物论》的文字而成。

【译文】

大地承载着我的形体，使我一生充满操劳，使我衰老时安逸，用死亡让我得到休息。让我很好地生存的，也是让我很好地死亡的。将船藏在深谷里，把山藏在湖泊中，人们说牢固了。虽然如此，半夜里有力气大的人把它背跑，睡觉的人不知道，说明还是有可以躲避的地方。如果将天下藏在天下里，就没有办法躲藏它的形体了。事物哪能说没有一个基本的情形呢？一旦被造化成人的模样就沾沾自喜，其实像人一样的东西，自然化育了千种万类，多到没有办法计算清楚。破旧了还会更新，这种令人高兴的事情，可以数得清吗？如说你梦中变成鸟儿在天空飞翔，梦中变成鱼儿沉入深渊，当你处在梦里时不知道是在做梦，醒来才知道是一场梦。如果有一天你能彻底觉醒，你就会发觉今天的一切也就是一场大梦。当初我还没降生，怎么知道生的快乐？我还没死，又怎么知道死就不快乐？……得“道”的人用心支撑性情，依靠精神扶持并且有始有终。所以他睡觉不会做梦，醒了没有忧虑。

古之人有处混冥之中，[①]神气不荡于外，万物恬漠以愉静。搀抢衡杓之气，[②]莫不弥靡，[③]而不能为害。当此之时，万民猖狂，[④]不知东西，[⑤]含哺而游，鼓腹而熙。[⑥]交被天和，食于地德，[⑦]不以曲故、是非相尤，[⑧]茫茫沉沉，[⑨]是谓大治。于是在上位者，左右而使之，毋淫其性；[⑩]镇抚而有之，毋迁其德。[⑪]是故仁义不布，而万物蕃殖；[⑫]赏罚不施，而天下宾服。[⑬]其道可以大美兴，而难以算计举也。……

【注释】

①混冥：混沌的状态。

②搀抢：指彗星。迷信者以为彗星出有灾祸。衡：通“横”，通过。杓：北斗第五、六、七颗星的名称，又称斗柄。彗星通过北斗，是灾祸征兆。

③弥靡：布满。

④猖狂：自由放任。

⑤东西：方位。亦指规范。

⑥哺：口里含着的食物。鼓腹：鼓起肚子。熙：通“嬉”，玩乐。

⑦交：全部。地德：古代认为土地产百物，人赖以生存，所以土地有德于人。

⑧曲故：狡诈。尤：指责。

⑨茫茫沉沉：盛大无边际的样子。

⑩左右：使之向左或者向右，支配的意思。淫：过分，没有节制。

⑪镇抚：压制和安抚。有：拥有。迁：变更。

⑫蕃：繁多。蕃殖：繁殖。

⑬宾：归顺。

【译文】

古代的人处在混沌黑暗之中，精神气质不游荡不表现出来，对外物安闲淡漠所以能愉快安静。彗星通过北斗的灾气没有不弥漫的，却不能形成危害。在那个时候，人们自由自在地行动，不知道东西方向，不懂得什么规范，含着食物相互嬉闹，鼓着肚子高兴地唱歌。人人都享受自然的和气，食用大地出产的食物，不会因为有所图谋、对错而相互指责，盛大无边融合一体，这就是“大治”。在那个时候，地位高的人领导和使用人们，却不使他们的本性没有节制；统治、安抚和拥有他们，却不改变他们的天然的德行。所以，“仁义”没有布施，万物却自然生殖繁衍；赏罚没有施用，天下去归附顺从。这样的“道”可以用大和美来赞誉，然而很难计算列举。……

古之真人，①立于天地之本，中至优游，②抱德炀和，③而万物杂累焉，④孰肯解构人间之事，以物烦其性命乎！⑤……是故目观玉辂琬象之状，⑥耳听《白雪》《清角》之声，⑦不能以乱其神；登千仞之谿，临猿眩之岸，⑧不足以滑其和。譬若钟山之玉，炊以炉炭，三日三夜而色泽不变。则至德天地之精也。是故生不足以使之，利何足以动之；死不足以禁之，害何足以恐之！明于死生之分，达于利害之变，虽以天下之大，易骭之一毛，⑨无所概于志也。……是故与至人居，⑪使家忘贫，使王公简其富贵而乐卑贱，勇者衰其气，贪者消其欲。坐而不教，立而不议，虚而往者实而归。故不言而能饮人以和。⑫是故至道无为，一龙一蛇，⑬盈缩卷舒，与时变化。外从其风，⑭内守其性，耳目不耀，思虑不营。⑮……

【注释】

①真人：心性修养成功的人。

②中至：中和。优游：自在地畅游。

③炀(yáng)：烘烤，这里指熏陶。

④杂累：积累混合，形容繁多。

⑤烦：扰乱。

⑥辂(lù)：带玉饰的帝王专用的车子。琬(wǎn)：琬圭，一种玉质礼器。

⑦《白雪》《清角》：古乐曲，被认为是高雅的乐曲。

⑧猿眩之岸：善于攀缘的猿都会头昏眼花的悬崖。

⑨骭(gàn)：小腿。

⑪至人：达到了做人的极致，指具有最高道德修养的人。

⑫饮：给人喝。饮人以和：使人和顺。

⑬一龙一蛇：龙飞在天，蛇行于地。

⑭风：风俗。

⑮耀、营：都是惑乱的意思。

【译文】

古代心性修养成功的人，立身于天地的根本，享受中和之气，自在遨游，怀抱德行熏陶着和谐，看到万物繁多纷乱，怎么肯去分解勾画这繁杂的事务，以外物来烦扰自己的本性呢！……所以，眼睛看见玉辂、琬象的宝物，耳朵听到《白雪》《清角》这样高雅的乐曲，却不会迷惑他的精神；登上高达千仞的悬崖，站在就连善于攀缘的猿都会头昏眼花的岸边，却不会丧失他的平和。就像钟山出产的玉石，放在炭火里炼造，三天三夜都不会让色泽改变，最高的道德就是天地的精华。所以，生的诱惑不能驱使他，利益欲望又怎能使他动摇？死的威胁不能禁锢他，危险岂能恐吓住他？知道生与死的区别，通晓好处和害处的转换，即使用整个天下来换他小腿上的一根毫毛，也不能使他动心。……所以和有最高道德修养的人相处，可以使出身贫寒的人忘记贫穷，使王公减少富贵而喜欢卑贱些的生活，使刚勇的人削减锐气，使贪婪的人减少欲望。他坐着不教诲，站着不议论，人们空虚地走向他，却充实地回来。他不说话，却把平和赋予别人。所以，最高的“道”是无所作为的，有时像龙，有时像蛇，它时大时小，忽卷忽开，随顺时势而变化。外在表现顺从风俗环境的变化，内心却持守本性，耳目不受声色的诱惑，思想不受外物的扰乱。……

道出一原，通九门，散六衢，[1]设于无垓坫之宇，[2]寂漠以虚无，非有为于物也，物以有为于己也。是故举事而顺于道者，非道之所为也，道之所施也。[3]夫天之所覆，地之所载，六合所包，阴阳所呴，雨露所濡，[4]道德所扶，此皆生一父母而阅一和也。[5]是故槐榆与橘柚合而为兄弟，有苗与三危通为一家。[6]夫目视鸿鹄之飞，耳听琴瑟之声，而心在雁门之间，一身之中，神之分离剖判，六合之内，一举而千万里。是故自其异者视之，肝胆胡越；[7]自其同者视之，万物一圈也。[8]

【注释】

①一原：一个源头。九门：九天之门，传说天有九层。六衢（qú）：通向四面八方。衢，四通八达的大路。

②设：分布。垓（gāi）坫（diàn）：指边际。垓，地界。坫，屏障。宇：空间。

③施：作用。

④呴（xǔ）：开口出气。濡：沾湿，润泽。

⑤生一父母：产生于一个根源。父母：这里指天地。阅：总汇。和：和气。

⑥有苗：三苗，古代部落，在南方。三危：古代部落，在西方，其地有三危山，故名。

⑦胡：指古代北方的少数民族。胡越：北方的胡地和南方的越国，形容距离远。

⑧一圈：一个范围内。

【译文】

“道”产生于一个本源，通过九天之门，散布在四面八方，设置在无边无际的空间，寂静广漠而虚无。它没有对万物有所作为，万物却感应到了它。所以做事依据“道”的规律，这不是“道”做了什么，而是“道”在无形中施加了作用。被上天所覆盖的,被大地所承载,上下四方所容纳的,被阴阳相合抚育,被雨露滋养,被道德扶持的,都由天地这同一个根源产生,都归属于共通的和气。所以槐树和榆树、橘树和柚树结合在一起可以成为兄弟,南方的有苗族和西方的三危族相通可以成为一家。如果眼睛看着鸿鹄飞过,耳朵听着琴瑟弹奏,心思却在雁门山一带,一个人身体内的精神就分散离乱了,在天地四方遨游,会飞到千万里外。所以,查看事物的不同之处,肝和胆紧挨着,看起来也会像胡地和越国那么遥远;着眼于相同之处,万物都在一个整体之中那么近。

百家异说,各有所出。若夫墨、杨、申、商之于治道,[1]犹盖之无一橑,[2]而轮之无一辐,[3]有之可以备数,无之未有害于用也。已自以为独擅之,不通之于天地之情也。今夫冶工之铸器,金踊跃于炉中,必有波溢而播弃者,[4]其中地而凝滞,[5]亦有以象于物者矣。其形虽有所小用哉,然未可以保于周室之九鼎也,[6]又况比于规形者乎![7]其与道相去亦远矣。……

【注释】

①墨:墨翟,即墨子,墨家学派创始人。杨:杨朱,战国初期思想家,道家杨朱学说创始人,与墨子曾有论辩。申:申不害,战国中期思想家,法家代表人物,以“术”著称。商:商鞅,战国法家代表人物。

②橑(liáo):车盖上的弓木。一个车盖有二十八根橑。

③辐:古代车轮中连接轴心和轮圈的直木条。一个车轮有三十根辐条。

④波溢:金属液体沸腾而漫溢出来。播弃:洒落地上。

⑤中地:掉在地上。凝滞:冷却成形。

⑥保:同“宝”。九鼎:相传夏禹收天下之金铸造了九只大鼎,九鼎后来成为国家政权的象征。

⑦比:对照于。规:规范。规形者:使九鼎成型的东西。

【译文】

百家学说不同,各有各的出处依据。比如墨翟、杨朱、申不害、商鞅用他们的学说治理世道,(如果没有它们的话)就像车盖没了一根弓木,车轮没了一根辐条,有的话可以充数,没有也没有什么影响。他们自以为掌握了"道",实际上并不了解天地间的情况。现在冶炼工匠铸造器物,炉子中的金融液体翻滚,一定有抛洒出来的,和地面接触就凝固了,形成了某种器物形状的东西。这种形状的器物虽然也有小用,但是不可能和周朝的九鼎一样珍贵,更不用说与使九鼎成型的东西相比了!这些学说与"道"相差也太远了。……

是故圣人托其神于灵府,而归于万物之初。①视于冥冥,听于无声。冥冥之中,独见晓焉;寂漠之中,独有照焉。②其用之也以不用,其不用也而后能用之。其知也乃不知,其不知也而后能知之也。夫天不定,日月无所载;地不定,草木无所植;所立于身者不宁,是非无所形。③是故有真人然后有真知。其所持者不明,庸讵知吾所谓知之非不知欤?④

【注释】

①灵府:指人的内心。万物之初:万物产生的当初之时。

②晓:光明,发光。照:观照,引申为听清楚。

③形:有形状,能显现出来。

④庸讵(jù):岂能。

【译文】

所以圣人把精神托付在内心,使它复归到万物产生的当初之时。在黑暗中看,在无声中听。但就是在这幽冥昏暗中却能看到光明,在寂静虚无中能辨听声音。他的"用"在于"不用",而正因为"不用"然后才可以"用";他的"知"在于"不知",也正因为"不知"才能做到"知"。上天不能够稳定,就无法承载日月;大地不能稳定,就没有地方可以生长出草木;人赖于安身立命的东西不安宁,是非就没有标准无法辨别出来。所以,先有修养得道的人然后才有"真知"。如果你连自己持有的东西都不明白,又岂能知道我所说的"知"不是"不知"呢?

卷三　天文训

天地未形，冯冯翼翼，[1]洞洞灟灟，[2]故曰大昭。[3]道始于虚廓，[4]虚廓生宇宙，宇宙生气，气有涯垠。[5]清阳者薄靡而为天，[6]重浊者凝滞而为地。[7]清妙之合专易，[8]重浊之凝竭难，故天先成而地后定。天地之袭精为阴阳，[9]阴阳之专精为四时，[10]四时之散精为万物。[11]积阳之热气生火，[12]火气之精者为日；积阴之寒气为水，水气之精者为月。日月之淫为精者为星辰。[13]天受日月星辰，[14]地受水潦尘埃。[15]

【注释】

①冯(píng)冯：众多的样子。翼翼：繁盛的样子。

②洞：无底为洞。灟(zhú)：同"属"，连绵不尽。冯冯翼翼，洞洞灟灟：都是混沌不开，没有一定形状的样子。

③昭：明亮。大昭：宇宙生成前的混沌阶段，从暗到明，即将成为宇宙的意思。

④廓：空旷。虚廓：虚无空旷的状态。

⑤涯、垠：都是边际、尽头的意思。

⑥清阳者：阳气的清澈部分，相对比较轻。薄靡：稀薄之气弥漫。靡：弥散。

⑦重浊者：指气沉重混浊的部分。

⑧清妙：轻而清澈之气。

⑨袭：互相融合。天地之袭精：天地合和产生的精气。

⑩专精：阴阳聚合产生的精气。

⑪散精：与专精相对而言，弥散分开的精气。

⑫积：堆积。

⑬淫：多得溢出来。淫为精者：溢出来的精华部分。

⑭受：承受。

⑮潦：水多。

【译文】

天地还没有形态的时候，混沌无边，没有一定的形状，所以叫作大昭。清虚空旷是“道”的开始，清虚空旷的状态产生了时间和空间，时空之中又渐渐生出元气来。元气是有分别的，轻而清澈的飘逸飞升形成天，沉重混浊的堆积凝结形成地。轻而清澈的气容易融合，沉重混浊的气难以凝结，所以先天形成了，随后地才稳定下来。天地的精气融合起来，产生了阴气和阳气；阴气和阳气的精华部分融合起来，产生了四时；四时的精华之气分散开来，形成各种事物。阳气积累起来，其中的热气，生成了火，火气的精华是太阳；阴气积累，其中的寒气，生成了水，水气的精华是月亮。日月溢出之气的精华部分成为星辰。天承受着日月星辰，地承受着水流尘土。

昔者共工与颛顼争为帝，[1]怒而触不周之山。[2]天柱折，地维绝。[3]天倾西北，故日月星辰移焉；[4]地不满东南，故水潦尘埃归焉。[5]天道曰圆，地道曰方。方者主幽，圆者主明。明者吐气者也，是故火曰外景；幽者含气者也，是故水曰内景。[6]吐气者施，含气者化，是故阳施阴化。[7]

【注释】

①共工：神话传说中的天神。颛顼：传说中的古帝。两者为争夺帝位而战。

②触：用角撞击。不周山：神话传说中的山名，在西北方。

③天柱：古代神话中的支天之柱。盖天说认为，天由八根柱子支撑，称天柱。地维：地的四角用大绳维系，维系大地的绳子，称地维。

④“天倾西北”二句：因为西北的天柱被撞断了，天就向西北倾斜，所以日月星辰也跟着向西方移动。

⑤“地不满东南”二句：天向西北倾斜拉断了维系东南方大地的绳子，

东南地势下沉，所以水都向东流。

⑥外景：光芒在外，指火和太阳。含气：吸收气体。内景：光芒在内，指水和月亮。

⑦施：施加。化：生成。

【译文】

从前共工与颛顼争夺天下的帝位，共工很愤怒一头撞向不周山。支撑上天的柱子折断了，系住大地的绳子断绝了。上天向西北方向倾斜，所以日月星辰都跟着向西方移动；东方方位的大地向下塌陷，所以水流带着尘土都向东南移动。天的本质是圆的，地的本质是方的。方正的大地主宰着黑暗，圆形的上天主宰着光明。光明是向外释放气的，所以火和太阳叫作外光；黑暗是向内收敛气的，所以水和月亮叫内光。释放气的是在施与，收敛气的是在内化孕育，所以阳性代表给予，阴性代表生化孕育。

天之偏气，怒者为风；①地之含气，和者为雨。②阴阳相薄，感而为雷，激而为霆，乱而为雾。③阳气胜则散而为雨露，阴气胜则凝而为霜雪。毛羽者，飞行之类也，故属于阳。④介鳞者，蛰伏之类也，故属于阴；⑤日者阳之主也，是故春夏则群兽除，⑥日至而麋鹿解。⑦月者阴之宗也，是以月亏而鱼脑减，⑧月死而蠃蚌膲。⑨火上荨，⑩水下流，故鸟飞而高，鱼动而下，物类相动，本标相应。⑪故阳燧见日，则燃而为火，⑫方诸见月，则津而为水。⑬虎啸而谷风至，龙举而景云属，⑭麒麟斗而日月食，⑮鲸鱼死而彗星出，⑯蚕珥丝而商弦绝，⑰贲星坠而勃海决。⑱

【注释】

①偏气：不正之气。怒者：鼓动，喷发的样子。

②含气：吸收的气体。和者：与天气合和的。

③相薄：相迫，逼近。感：感应激发。激：撞击。霆：挟带闪电的迅雷。乱：杂乱搅和。

④“毛羽者”三句：鸟类向上飞翔，所以属于天而归类为阳。

⑤介：甲。介鳞：长甲鳞的龟类鱼类，龟鱼钻地游水，所以归类为阴。

⑥除：脱去。

⑦日至：夏至和冬至。麋：麋鹿。解：解除。古人认为，夏至时鹿脱去旧角，冬至时麋脱去旧角。

⑧宗：主宰。月亏：月亮由圆变缺，逐渐亏损。鱼脑减：古人认为鱼脑会随着月亮变缺而减少。

⑨月死：农历每月晦日，月光不明，所以叫"月死"。蠃(luó)：通"螺"。蚌：蚌蛤。膲(jiāo)：肉不满，指蠃蚌瘪缩。

⑩蕈(tán)：蔓延。

⑪本：树干。标：树梢，末端。

⑫阳燧：一种取火的工具，是利用凹面聚光的原理取火的。见：显现。见日：放置在阳光下。

⑬方诸：在月光下承露取水的器具。津：滋润。

⑭谷风：山谷之风。举：飞升。景云：吉祥的云。属(zhǔ)：归属。

⑮麒麟：古代传说中的祥瑞动物，是以犀牛、长颈鹿为原型的。一说雄为麒，雌为麟。传说麒麟是天庭的使者，如有争斗，是上天失序的表现，所以出现日食和月食。

⑯鲸鱼：古人认为鲸鱼是海中之王，认为彗星出现是灾祸之兆，所以鲸鱼死是会有彗星出现的先兆。

⑰珥(ěr)丝：吐丝。商：五音之一。五音，宫、商、角、徵、羽。商弦：演奏商音的弦。古人以商音属秋。蚕在秋天吐丝，商弦在秋天易断。以上都是将万物相应的关系。

⑱贲(bēn)星：流星。流星坠地则为陨星。决：溢出。

【译文】

天的不正之气，鼓动起来就喷发形成风；地所含蓄的阴气与天的阳气交汇就成为雨。阴阳二气撞击，互相触发而形成雷，猛烈相撞就形成霆，弥漫开来就成为雾。如果阳气旺盛，它散开来就成为雨露；如果阴气旺盛，它凝结起来就成为霜雪。鸟类长有羽毛能在天上飞，所以属于阳类；龟蛇等长鳞甲的在泥水里潜伏，所以属于阴类。太阳主宰着阳气，所以春夏时各种野兽除去旧毛，夏至和冬至时麋和鹿的旧角会脱落。月亮主宰着阴气,所以月亮变亏缺的时候,鱼脑就会缩减;月亮不出来的时候,螺蚌的肉就会干瘪。火往上蹿,水往下流,所以属于阳类的鸟往高处飞,属于阴类的鱼往水下游。各种事物都类似,相互感应,就像树干和树梢相互呼应一样。所以在阳光下阳燧会燃烧生火,月光下方诸能湿润生水。虎吼叫就会刮起山风;龙飞升就会有祥云升起;麒麟争斗日食月食就会出现;鲸鱼死亡彗星就会出现;秋蚕吐丝之时商弦容易断绝;流星坠落渤大的海洋就会涨满。

人主之情,上通于天。故诛暴则多飘风,①枉法令则多虫螟,②杀不辜则国赤地,③令不收则多淫雨。④……

【注释】

①诛暴:暴虐,嗜杀。飘风:暴风。

②枉法令:曲解或故意违背法令。螟(míng):一种吃稻心的害虫。

③赤地:光秃秃的土地,灾荒后的不毛之地。

④令不收:号令不合时宜,例如农忙时征兵等。

【译文】

人间君主的性情是和上天相通的。所以君主暴虐嗜杀,那么暴风就多;法令被歪曲,得不到遵守,那么虫害就多;诛杀无辜,旱灾就多,会遍地草木不生;政令不合时宜,就会多暴雨,有洪灾……

天有九野,九千九百九十九隅,①去地五亿万里。②五星,③八风,④二十八宿,⑤五官,⑥六府,⑦紫宫、太微、轩辕、咸池、四守、天阿。⑧……

【注释】

①九野:九天。野:分野。隅:角落。

②去地:到地面的距离。

③五星:金木水火土五大行星。

④八风：风应和四时，起于八方，所以分为八种，指条风、明庶风、清明风、景风、凉风、阊阖风、不周风、广莫风。冬至后四十五日，开始刮条风，此后，每四十五日更替一种风。

⑤二十八宿(xiù)：古代中国将黄道和天赤道附近的天区划分为二十八个区域，称二十八舍或二十八星。

⑥五官：掌握五个方位的天官，东方为田，南方为司马，西方为理，北方为司空，中央为都。

⑦六府：指子午、丑未、寅申、卯酉、辰戌、已亥，地支中互相呼应配合的六组时令。

⑧紫宫、太微、轩辕、咸池、四守、天阿：都是星名。紫宫是太一居住的地方；太微是太一的处理事务的天庭；轩辕是上天的后宫；咸池是上天的鱼池；四守是上天掌握赏罚的地方；天阿是群神宫殿的阙门。

【译文】

天分成九个区域，又划分为九千九百九十九个小的区域，和大地相距五亿万里。上天还有金木水火土五星，风分为八种，全天分为二十八个区域，根据五个方位设置五官，划分时令的地支配为六府，还有紫宫、太微、轩辕、咸池、四守、天阿等各有用途的星座。……

日冬至则斗北中绳，阴气极，阳气萌，故曰冬至为德。① 日夏至则斗南中绳，阳气极，阴气萌，故曰夏至为刑。②……阴阳相德，则刑德合门。③ 八月、二月，阴阳气均，日夜分平，故曰刑德合门。德南则生，刑南则杀。④ 故曰二月会而万物生，⑤ 八月会而草木死。⑥

【注释】

①德：万物开始生长的转折点。阴气在冬至达到极致，然后阳气萌生，万物生长，所以以冬至为德。

②刑：肃杀之气。阳气在夏至达到极致，阴气萌生，万物肃杀，所以以夏至为刑。

③相德：相合，集合。

④德南则生，刑南则杀：阳气向南则生，阴气向南则杀。

⑤二月会：刑德在二月合门。

⑥八月会：刑德在八月合门。上述是指阴阳二气的南北推移和交汇。

【译文】

冬至的时候北斗指向北方并与子午绳交合，阴气达到最盛，但阳气萌发生成，万物开始生长，所以将冬至叫作“德”。夏至的时候北斗指向南方与子午绳相合，阳气达到最盛，但阴气萌发生成，万物开始枯死，所以将夏至叫作“刑”。……阴阳相互按其规律运行，那么刑德就会按时相合。在八月和二月，阴气和阳气势均力敌，白天和黑夜就会平分，所以叫作刑德相互融合。德向南发展则万物开始生长，刑向南发展则万物面临肃杀。所以说阴阳在二月交汇，万物从此开始生长；阴阳在八月交汇，草木从此开始枯死。

卷四　地形训

地之所载，六合之间，四极之内，[1]照之以日月，经之以星辰，纪之以四时，要之以太岁。[2]天地之间，九州八极，土有九山，山有九塞，泽有九薮，[3]风有八等，水有六品。[4]

【注释】

①六合：天地和四方。四极：古代神话传说中四方的擎天柱。

②经：纵线为经。这里指天宇的分区。古人认为，天宇分区对应着地上的分野。纪：记时间的方式。要：约束。太岁：古代天文学家假设的与岁星做反方向运动的星宿。

③塞：塞口，地势险要处。薮：生长着很多草的湖泽。

④等、品：都是种类的意思。

【译文】

大地所承载的范围，大致是六合之间，四极之内；有太阳月亮相照耀，有星辰将它分野成不同区域，有四时记录时间让他运行有条理，有太岁星宿制约运行。天和地之间，分为九个州八个方位，地面存在九座大山，山上存在九座要塞，水泽有九大湖泊，风分为八种，水分为六类。

何谓九州？[1]东南神州曰农土，正南次州曰沃土，西南戎州曰滔土，正西弇州曰并土，正中冀州曰中土，西北台州曰肥土，正北济州曰成土，东北薄州曰隐土，正东阳州曰申土。

【注释】

①九州：《地形训》把整个中国分为九个区域，称九州，根据方位对应着八个方向和中央。以神州、次州等不同名称代表不同区域。比如，神州

代表东南方，次州代表正南方。

【译文】

什么叫九州？东南的神州称为农土，正南次州称为沃土，西南戎州叫作滔土，正西弇州叫作并土，正中冀州称为中土，西北台州是所谓的肥土，正北济州就是成土，东北薄州即所谓的隐土，正东阳州即申土。

何谓九山？会稽、①泰山、②王屋、③首山、④太华、⑤岐山、⑥太行、⑦羊肠、⑧孟门。⑨

【注释】

①会(kuài)稽：山名，在今浙江省绍兴县东南，因为大禹曾在此与诸侯会盟而得名。

②泰山：山名，在今山东省泰安市，五岳之首，称东岳。

③王屋：山名，在今山西省垣曲与河南济源之间。

④首山：山名，在今山西省永济以南。

⑤太华：山名，即华山，在今陕西省华阴市南，五岳之一，称西岳。

⑥岐山：山名，在今陕西省岐山县东北。

⑦太行：山名，中国东部地区重要山脉和地理分界线，耸于北京、河北、山西、河南四省、市间。

⑧羊肠：古坂道名，因其在山间崎岖缠绕、曲曲弯弯、形似羊肠，故名，在太行山最险要地段。

⑨孟门：山名，在今山西省吕梁市柳林县西北23公里处的黄河之滨。大禹在此凿开蛟龙壁，疏通黄河。

【译文】

什么是九山？它们是会稽山、泰山、王屋山、首山、太华山、岐山、太行山、羊肠坂、孟门山。

何谓九塞？曰太汾、①渑阨、②荆阮、③方城、④郩阪、⑤井陉、⑥令疵、⑦句注、⑧居庸。⑨

【注释】

①汾：古要塞名，大约在今山西境内汾河流域。

②渑阨：古要塞名，在今河南渑池西。

③荆阮：古要塞名，在今湖北武当山东南，汉水西岸。

④方城：春秋时楚国所筑长城，在今河南邓州北至泌阳一带。

⑤郩阪：古代著名要塞，即郩山，今潼关以东至河南新安一带，常与函谷关并称郩函。

⑥井陉：古要塞名，在今河北省井陉西北井陉山上，属于太行八陉之一。

⑦令疵：古要塞名，在今河北滦城、迁安之间。

⑧句注：古要塞名，也叫句望，在今山西省代县北。

⑨居庸：古要塞名，亦称居庸关，在今北京昌平西北。

【译文】

什么叫九塞？它们是太汾、渑阨、荆阮、方城、郩阪、井陉关、令疵、句注和居庸关。

何谓九薮？曰：越之具区、[1]楚之云梦、[2]秦之阳纡、[3]晋之大陆、[4]郑之圃田、[5]宋之孟诸、[6]齐之海隅、[7]赵之巨鹿、[8]燕之昭余。[9]

【注释】

①具区：今江苏太湖。

②云梦：古代楚地著名大泽，西汉时云梦在湖北潜江西南、监利以北。

③阳纡：古泽薮名，为秦国苑囿，在今陕西泾阳。

④大陆：古泽薮名，也叫巨鹿泽、广阿泽，一说在河北巨鹿附近，一说在今河南获嘉西北。

⑤圃田：古泽薮名，地在今河南中牟县西。

⑥孟诸：亦作"孟猪""孟潴"，古大泽名，位于宋国，在今河南商丘东北、虞城西北。

⑦海隅：古泽薮名，在齐国，今山东蓬莱，历寿光、广饶至沾化、无棣以

北，延绵数千里间，即古代齐地海隅薮的范围。

⑧巨鹿：古泽薮名，巨鹿泽即大陆泽，亦名广阿泽。

⑨昭余：古泽薮名，在今山西祁县西南、介休市东北。

【译文】

什么是九薮？传说是越国的具区、楚国的云梦泽、秦国的阳纡、晋国的大陆泽、郑国的圃田、宋国的孟诸、齐国的海隅、赵国的巨鹿泽、燕国的昭余。

何谓八风？东北曰炎风，东方曰条风，东南曰景风，南方曰巨风，西南曰凉风，西方曰飂风，[①]西北曰丽风，北方曰寒风。

何谓六水？曰：河水、[②]赤水、[③]辽水、[④]黑水、[⑤]江水、[⑥]淮水。[⑦]

【注释】

①飂（liú）：飘。

②河水：即黄河。

③赤水：古水流名，大约在青海湖一带。

④辽水：古分大辽水、小辽水。大辽水即今辽河，小辽水即今浑河。

⑤黑水：古水流名，唐以前多以昆仑山东北地区河流为黑水，唐以后多以西南地区河流为黑水。

⑥江水：长江。

⑦淮水：淮河。

【译文】

什么是八风？东北风叫炎风，东方风叫条风，东南风叫景风，南方风叫巨风，西南风叫凉风，西方风叫飂风，西北风叫丽风，北方风叫寒风。

什么是六水？据说是黄河、赤水、辽水、黑水、长江和淮河。

阖四海之内，东西二万八千里，南北二万六千里。[①]水道八千里，通谷六，名川六百，陆径三千里。[②]禹乃使太章，[③]步自东极，至于西极，二亿三万三千五百里七十五步。使竖亥步自北极，至于南极，二亿三万三千五百里七十五步。……

【注释】

①阖：总括。东西、南北：指大地的东西距离和南北长度。

②水道：河流的路径。通谷：指很大的山谷。陆径：陆地通道。

③太章：与下文的“竖亥”，都是传说中的大禹的臣下，善于走路。

【译文】

统计四海之内，东西有二万八千里长，南北二万六千里长；其中水路多达八千里，大峡谷共有六处，大河多达六百条，陆路差不多是三千条。大禹派遣善于走路的太章从最东走到最西，一共走了二亿零三万三千五百里七十五步；同样派也善于走路的竖亥从最北走到最南，一共走了二亿零三万三千五百里七十五步。……

九州之大，纯方千里。[1]九州之外，乃有八殡，[2]亦方千里。……八殡之外，而有八纮，[3]亦方千里。……八纮之外，乃有八极。[4]……凡八极之云，是雨天下。八门之风，是节寒暑。八纮、八殡、八泽之云，以雨九州而和中土。[5]

东方之美者，有医母闾之珣玗琪焉；[6]

东南方之美者，有会稽之竹箭焉；[7]

南方之美者，有梁山之犀象焉；[8]

西南方之美者，有华山之金石焉；[9]

西方之美者，有霍山之珠玉焉；[10]

西北方之美者，有昆仑之球琳、琅玕焉；[11]

北方之美者，有幽都之筋角焉；[12]

东北方之美者，有斥山之文皮焉；[13]

中央之美者，有岱岳，以生五谷、桑麻、鱼盐出焉。[14]

【注释】

①纯：全。

②殥(yín):荒远。八殥:八个方位最远的地方。

③纮:粗大的绳子。八纮:传说中维系天地的八根大绳,处在大地边缘。

④八极:八个方向的最远端有八个擎天柱。

⑤和:使和谐。中土:指中国。

⑥医母闾:山名,在今辽宁省西部。珣玗琪(xún yú qí):玉石名。

⑦竹箭:即竹子做的箭镞。

⑧梁山:在四川。犀象:犀牛和大象。

⑨金石:黄金、玉石。

⑩霍山:山名,在今山西霍县东南。珠玉:宝珠、玉石。

⑪球琳、琅玕:都是美玉。

⑫幽都:北方匈奴的活动区域。筋角:牛马等牲畜的筋脉和角,可以制作弓弩。

⑬斥山:山名。文皮:有花纹的毛皮。

⑭岱岳:泰山。

【译文】

九州地域之大,四周各边可达千里。九州的外面,还有八殥,方圆也有千里。……八殥的外面,还有八纮,也是方圆千里。……八纮的外面,更有八极。……八极范围内的云,会下雨滋润整个天下。八个方面刮来的风,调节着寒暑。八殥、八纮、八泽范围内的云,会下雨滋润九州,使中国风调雨顺。

东方的美物有医母闾山上的玉石;

东南方的美物有会稽山竹子做的箭镞;

南方的美物,有梁山的犀牛和大象;

西南方的美物,有华山出产的黄金玉石;

西方的美物,有霍山出产的珍珠玉器;

西北方的美物,有昆仑山的球琳、琅玕等各种美玉;

北方的美物,有幽都出产的牛马的筋角;

东北方的美物,有斥山的老虎和豹子的毛皮;

中央地区的美好事物,有泰山,出产五谷、桑麻,还有鱼和盐。

凡地形,东西为纬,南北为经。山为积德,川为积刑。[①]高者为生,下者为死。[②]丘陵为牡,溪谷为牝。[③]水圆折者有珠,方折者有玉。[④]清水有黄金,龙渊有玉英。[⑤]土地各以其类生。[⑥]是故山气多男,泽气多女。[⑦]……皆象其气,皆应其类。[⑧]……万物之生而各异类。……

【注释】

①"山为积德"二句:按照阴阳理论,山为阳,水为阴,阳为德,阴为刑,所以说山为积德,川为积刑。

②"高者为生"二句:按照阴阳理论,高为阳,下为阴,阳主生,阴主死,所以说高者为生,下者为死。

③牡:雄。牝:雌。雄为阳,雌为阴。

④圆折、方折:指水波浪的形状。圆折指圆形而有波折,方折指方形而有波折。圆主阳,珍珠是阴中之阳,同类事物是相呼应的,圆形的波浪下面有珍珠;方主阴,玉是阳中之阴,方形波浪下面有玉。

⑤龙渊:龙居住的深渊。玉英:玉石中的精华。

⑥土地各以其类生:指不同类型的土地各有相对应的不同出产,根据方位划分不同的地形类别,用来说明不同地方的人有不同特点。

⑦"山气多男"二句:山为阳,水为阴,山气重的地方多生男孩,水气重的地方多生女孩。

⑧象:相似。出产和不同土地的气相呼应类似。

【译文】

地形基本都是这样的分类,把东西方向的称为纬,把南北方向的称为经。山积累阳气,是仁义美德的象征;水积累阴气,是奸诈损毁的象征。高处代表着生,矮处代表着死。山峰是阳性的,溪谷是阴性的。圆形的波浪下面有珍珠,方形波浪下面有玉。水清的地方存有黄金,龙居住的深渊有美玉。不同类型的土地会有不同的相应出产。所以山气重的地方多生男孩,水气重的地方多生女孩。……都和阴阳之气相合,与土地的类型相呼应。……万物的生长都各有不同的类别。……

卷五　时则训

孟春之月，[①]招摇指寅。[②]昏参中，[③]旦尾中。[④]其位东方，[⑤]其日甲乙。[⑥]盛德在木。其虫鳞，[⑦]其音角，[⑧]律中太蔟。[⑨]其数八，[⑩]其味酸，[⑪]其臭膻。[⑫]其祀户，[⑬]祭先脾。[⑭]东风解冻，蛰虫始振苏，[⑮]鱼上负冰。[⑯]獭祭鱼。[⑰]候雁北。[⑱]

【注释】

①孟春：春季的第一个月。一年分为春夏秋冬四季，每一季又分为孟、仲、季三个月。

②招摇：星名，即北斗第七星摇光。亦借指北斗。

③昏：黄昏。参：参宿。中：指星宿出现在观测者子午圈的位置。

④旦：清晨。尾：尾宿。

⑤位：东南西北中五个方位，与五行相配。

⑥其日甲乙：天干分为甲乙、丙丁、戊己、庚辛、壬癸五组，与五行相配。

⑦虫：泛指动物。古代有五虫说，即有鳞片的、长羽毛的、人类、长兽毛的、有甲壳的五类，它们与五行相配。

⑧角：五音的一种，五行说将宫、商、角、徵、羽五音与五行相配。

⑨太蔟：十二律之一。中国古代将十二律与十二个时辰、一十二个月相配，太蔟配寅时和正月。

⑩五行说以五、六、七、八、九五个数字为五数，这个五个数与五行相配。

⑪酸、苦、甘、辛、咸五种味道与五行相配。

⑫臭（xiù）：气味的总称。五行说以膻、焦、香、腥、朽五种气味与五行相配。

⑬户:堂室之门,这里指户神。中国古代有五祀说,春祀户神,夏祀灶,季夏祀中霤(liù,屋檐),秋祀井。也有说五祀是祀户、灶、中溜、门、行也。

⑭祭先脾:古人将动物的脾、肺、心、肝、肾五脏与五行、四时相配,脾对应木和春季,故春季祭祀时祭品是脾脏。

⑮苏:复苏,苏醒。振苏:冬眠的动物苏醒振作起来。

⑯鱼上负冰:初春冰化了,鱼从深层游到浅层,就像鱼负载着浮冰。

⑰獭(tǎ):水獭,生活在水中、捕鱼为食。水獭有将捕到的鱼摆在水边的习性,古人以为这是水獭在用鱼祭祀,称之为獭祭鱼。冰融化鱼浮上水面,水獭开始捕鱼,这些都是象征着春天来了。

⑱候雁北:大雁是候鸟,秋天飞往南方过冬,春天又飞回北方繁殖后代,候鸟大雁往北飞也是春天来了的象征。

【译文】

春天的第一个月,招摇星指向十二辰中的寅时。到了黄昏,参宿星出现在正南方中天;到了清晨,尾宿星就处在正南方中天。这个月对应的方位是东方,对应的天干是甲乙。德泽旺盛对应五行中的木。这个月对应的动物是有鳞片的,对应的音律是角,对应的律是太蔟。这个月对应的数是八,对应的味道是酸,对应的气味是膻。这个月人们要祭祀户神,第一道祭品是脾。东风吹来融化了冰,冬眠的动物苏醒了,开始活动,鱼游到水面好像负载在浮冰。水獭将捕捉的鱼儿摆在岸边。候鸟大雁飞回北方来了。

天子衣青衣,乘苍龙,[①]服苍玉,[②]建青旗,[③]食麦与羊,[④]服八风水,[⑤]爨萁燧火。[⑥]东宫御女青色,衣青采,鼓琴瑟。[⑦]其兵矛,[⑧]其畜羊。朝于青阳左个,[⑨]以出春令。布德施惠,行庆赏,省徭赋。

【注释】

①苍龙:皮毛青色的马。龙指身长八尺以上的马。春季对应的颜色是青色,所以天子顺应时令,使用的一切都是青色的。

②服：佩戴。

③建：树立。

④麦、羊：五行说以五谷（麦菽稷麻黍）、五畜（羊鸡牛犬猪）和五行相配。麦、羊属木，菽、鸡属火，稷、牛属土，麻、犬属金，黍、猪属水。所以春天对应麦子、羊，应食用它们。

⑤服：吃。八风水：用方诸承接的露水。古人认为露水从天而降，受到八风吹拂，故称为八风水。

⑥爨（cuàn）：烧火做饭。萁（jī）：木名。爨萁：烧萁木做饭。燧火：用阳燧取火。

⑦御女：宫女。衣：穿衣服。青采：绣青色花纹。鼓：敲打。

⑧兵：兵器。

⑨朝：上朝，天子召集大臣处理政务。青阳：东宫，是上宫。个：正堂两旁的侧室。春季天子在东宫的左边侧室上朝，召集大臣处理政务。

【译文】

天子穿着青色的衣服，骑着青色的骏马，佩戴青色的玉器饰品，布置好青色的旗帜。吃麦面和羊肉，饮八风吹来的露水，烧饭用豆萁，取火用阳燧。宫女也都穿着青色的衣服，衣服上绣有青色的花纹，弹琴鼓瑟。这个月对应的兵器是矛，对应的家畜是羊。天子在青阳宫左侧室上朝召见群臣，发布适合春季的政令，布施德泽恩惠，施行庆喜的奖赏，减轻徭役和赋税。

立春之日，天子亲率三公九卿大夫以迎岁于东郊。[1]修除祠位，[2]币祷鬼神。[3]牺牲用牡。[4]禁伐木，毋覆巢、杀胎夭，[5]毋麛毋卵，[6]毋聚众、置城郭，[7]掩骼埋骴。[8]

【注释】

①岁：时节。迎岁：迎接时令和季节的到来。立春、立夏、立秋、立冬之日分别到东南西北相应方位的郊野举行迎岁仪式。

②修除：修理、清扫。祠：春祭为祠，后泛指各种祭祀。位：灵位。

③币：祭祀时献给鬼神的贡物。

④牺牲：祭祀用的纯色身体完整的牲畜。牡：雄性。

⑤覆巢：倾覆巢穴。胎：怀孕。夭：初生幼弱。

⑥麛(mí)：小鹿。毋麛毋卵：不猎取小鹿，不获取禽卵。

⑦置：建设。这句的意思是，在春季不应该劳民修城池。

⑧骼：骨头。胔(cī)：带有残余肉的骨头。

【译文】

立春时节，天子亲自率领三公九卿和大夫到东郊举行迎接时令的仪式。修整清扫祭坛，把灵位摆好，向鬼神献上玉帛祈祷赐福保佑。祭祀要用整只公畜。春天禁止砍伐树木，禁止人们倾覆巢穴取卵，禁止杀害怀孕的母兽和小鹿，禁止猎取幼小的动物和获取禽类的卵，禁止征集民众修建城郭，掩埋散落各处的骸骨。

孟春行夏令，则风雨不时，[1]草木旱落，国乃有恐。[2]行秋令，则其民大疫，[3]飘风暴雨总至，[4]黎莠蓬蒿并兴。[5]行冬令，则水潦为败，[6]雨霜大雹，首稼不入。[7]

正月，官司空。[8]其树杨。[9]……

【注释】

①孟春行夏令：指春天第一个月，行使夏天的政令。不时：不按时节。

②旱落：干旱败落。有恐：感到害怕。

③疫：瘟疫。

④总至：一起到来。

⑤黎：众多。莠(yǒu)：恶草。蓬、蒿：都是杂草。

⑥潦(lào)：同“涝”，洪水。为败：造成庄稼失收。

⑦首稼：首先收获的庄稼。入：收入。

⑧司空：古代官名。正月的当值官为司空。

⑨其树杨：指正月的当值树是杨树。

【译文】

春天第一月行使夏季的政令，风雨就不会按照时节来，草木因为旱灾枯落，全国上下感到害怕。如果行秋季政令，就会有瘟疫暴发，狂风暴雨汇总在一起袭来，各种野草到处生长蔓延。如果行冬季政令，就会有洪水造成危害，霜雪冰雹纷纷降下来，首批成熟的庄稼就颗粒无收了。

正月，对应的官是司空，对应的树是杨树。……

五位：东方之极，[①]自碣石山过朝鲜，[②]贯大人之国，[③]东至日出之次、榑木之地，青土树木之野，[④]太皞、句芒之所司者万二千里。[⑤]其令曰：挺群禁，开闭阖，[⑥]通穷窒，达障塞。[⑦]行优游，弃怨恶。[⑧]解役罪，免刑罚。[⑨]开关梁，宣出财。[⑩]和外怨，抚四方。[⑪]行柔惠，止刚强。[⑫]

【注释】

①极：极远的边缘。东方之极：东方最边远的地方。

②碣石山：山名，在今河北省昌黎县西北。朝鲜：今朝鲜半岛，西汉在此曾设有乐浪郡。

③贯：通过。大人之国：在东方，居民身材高大。

④日出之次：太阳升起的地方。榑(fú)木：即扶桑，东方神木。榑木之地：扶桑生长的地方。青土：东方边远处的地名，东方对应青色，所以东方之土叫青土。树木之野：长有树木的旷野。

⑤太皞(hào)：即伏羲氏，后人以之为东方之帝。句(gōu)芒：相传是古时主管树木的人，死后为木神。司：掌管。

⑥挺：举起，撑开。阖(hé)：门扇。

⑦穷窒：窒息，不通。障塞：障碍堵塞。

⑧优游：悠然自得的样子。怨恶：怨恨讨厌。

⑨解：解除。役：劳役。古代犯罪的人可以服劳役抵罪，故称役罪。

⑩宣出财：发放财物。

⑪和：调和。抚：安抚。

⑫刚强：指争强好胜的行为。

【译文】

五个方位：到东方最边远的地方，要越过碣石山到达朝鲜半岛，再通过叫大人国的地方，再往东到达太阳升起、长有扶桑神木的地方，那里的土地是青色的，树木郁郁葱葱，太皞、句芒管理着一万两千里的范围。他们的政令是：破除忌讳，打开关闭的门窗，清理各种封堵，打通障碍和堵塞。让人们悠然自得，抛弃内心的抱怨和厌恶。废除服劳役的罪名，不执行刑罚。开放各个关口桥梁，将府库里的财物发给人们。平息外族的抱怨愤恨，安抚天下各处的民众。推行柔和恩惠的政策，使争强好胜的行为停止。

南方之极，自北户孙之外，[①]贯颛顼之国，南至委火炎风之野，[②]赤帝、祝融之所司者万二千里。[③]其令曰：爵有德，[④]赏有功，惠贤良，救饥渴，举力农，[⑤]赈贫穷，[⑥]惠孤寡，忧罢疾。[⑦]出大禄，行大赏，起毁宗，[⑧]立无后，封建侯，立贤辅。[⑨]

【注释】

①北户孙：传说中的国家，在南方的边远处。

②颛顼之国：《山海经·大荒南经》："有国曰颛项。"该国在南方。委：积累。委火炎风之野：火气堆积炎热的地方。

③赤帝：即炎帝，后人以之为南方之帝。祝融：火神，相传是上古掌管火的官员。

④爵有德：给有德的人封爵。

⑤举：推举，这里指赞扬。力农：勤于农事。

⑥赈(zhèn)：救助。

⑦罢(pí)：通"疲"，疲累。

⑧起：建立。毁宗：毁坏的庙宇。宗庙是立国的象征，宗庙毁坏意味着国家灭亡。而建立宗庙，修复毁坏的宗庙，是复兴和延续国祚。

⑨封建侯：分封成立诸侯国。辅：辅佐之臣。

【译文】

到南方的最边远的地方，要从走出北户孙这个国家之后，穿过颛项这个国家，再向南到达堆积着烈火吹着热风的地方，赤帝、祝融管理着一万两千里的范围。他们的政令是：给有德的人封爵，奖赏有功的臣下，给予贤良的人恩惠，救济饥饿口渴的人，赞扬勤于农事的人，赈济贫穷的人，使孤儿寡母得到优惠，为疲惫病弱的人感到担忧。提供厚禄的职位，施行大量的奖赏，修建被毁损的宗庙，为绝嗣的人户安排后裔，分封建立诸侯国，选立贤能的辅佐之臣。

中央之极，自昆仑东绝两恒山，①日月之所道，江汉之所出，②众民之野，五谷之所宜，龙门河济相贯，③以息壤堙洪水之州。④东至于碣石，黄帝、后土之所司者万二千里。⑤其令曰：平而不阿，明而不苛。包裹覆露，无不囊怀。⑥溥泛无私，⑦正静以和。行稃鬻，⑧养老衰，吊死问疾，⑨以送万物之归。

【注释】

①昆仑：山名。绝：越过。恒山：即常山，在今山西阳曲西北。

②江：长江。汉：汉江。

③龙门：山名。河：黄河。济：济水。

④息壤：传说中一种能够不断生息的土壤。堙(yīn)：封堵。

⑤黄帝：传说中的古帝王，后人把他称作中央的帝王。后土：土神，上古管土之官。

⑥覆：覆盖。露：露出。囊：囊括。囊怀：抱在怀里。

⑦溥(pǔ)：广大、普及。

⑧稃(fū)：即麸，麦子的壳。鬻(yù)："粥"的本字。指麦子熬的粥。

⑨吊：吊唁，祭奠。

【译文】

到中央的边界要从昆仑山自西向东跨越恒山，顺着太阳月亮运行的路线，沿着长江和汉江从源头流出的路线，中央的地方，人们遍布的大地，适合五谷庄稼生长，龙门、黄河、济水等河流从那里穿过，在那里鲧曾用息壤封堵洪水。然后再向东一直到达碣石山，黄帝、后土掌管着一万两千里的范围。他们的政令是：治理措施要公平而不迎合谁，光明正大而不严苛。包容、覆盖、显露，无不揽入怀内。惠及天下没有偏私，和谐治理让政治公正稳定。施舍麦粥给穷人，赡养老人和体弱的人，祭奠死者安慰病人，这样使万物都有归宿。

西方之极，自昆仑绝流沙沈羽，[①]西至三危之国，[②]石城金室，[③]饮气之民，不死之野，少皞、蓐收之所司者万二千里。[④]其令曰：审用法，[⑤]诛必辜。备盗贼，禁奸邪。饰群牧，[⑥]谨著聚。[⑦]修城郭，补决窦，[⑧]塞蹊径。遏沟渎，[⑨]止流水，雍谿谷。[⑩]守门闾，陈兵甲，选百官，诛不法。

【注释】

①流沙：因风流动的沙漠。沈羽：羽毛会沉下去的流水。

②三危：山名，在今甘肃敦煌东南，属祁连山脉。三危之国：因三危山而得名的国家。

③金室：按照五行说西方属金，故附会为以金修建房屋。

④少皞：少昊，传说中的部落首领，被后人称为西方的帝王。蓐收：秋神，辅佐少昊掌管西方的神，也有说是少昊之子。

⑤审：仔细审查。

⑥饰：通“饬”，整治。群牧：泛指各级官吏。

⑦著：通“贮(zhù)”，贮藏。

⑧窦：孔洞。决窦：决口的河道。

⑨遏：遏制。

⑩雍：通“壅”，拥堵。

【译文】

到西方最边远的地方要从昆仑山穿过流沙、沈羽河，向西到三危国，那里用石头建城、用黄金盖屋的地方，居民以气为食而长生不死，是少皞、蓐收所管辖的地方，共一万两千里。他们的政令是：仔细审查，小心使用刑法，诛杀者必是死有余辜者，防备盗贼，禁绝奸邪，整治地方不正官员，慎重积聚收藏，修建城墙，填补河道决口堤防漏洞，阻塞旁径小道，遏止阻绝泛滥洪水，堵填废弃沟渠而不使流水进入，还壅堵山涧，防守城门，陈列各种兵器，选任百官，严惩不法之徒。

北方之极，自九泽穷夏晦之极，[①]北至令正之谷，[②]有冻寒积冰，雪雹霜霰，漂润群水之野，颛顼、玄冥之所司者万二千里。[③]其令曰：申群禁，[④]固闭藏，修障塞，缮关梁，禁外徙。断罚刑，杀当罪。闭关闾，大搜客。[⑤]止交游，禁夜乐。[⑥]蚤闭晏开，以索奸人。[⑦]已德，执之必固。[⑧]天节已几，刑杀无赦。[⑨]虽有盛尊之亲，断以法度。毋行水，[⑩]毋发藏，毋释罪。……

【注释】

①九泽：本意是天下的九大湖泊，这里指湖泊众多。夏：大。晦："海"字之误。

②令正：传说中的北方的山谷名称。

③颛顼：传说中的古帝王，被后人称为北方的帝王。玄冥：水神，也是冬神，北方之神。

④申：申明。

⑤客：流民，外来者。

⑥禁夜乐：禁止在夜间寻欢作乐。

⑦晏：晚上。索：搜寻。

⑧德：通"得"。已德：已经捕获。执：逮住。

⑨天节：天气时令。几：几乎，差一点结束。

⑩行水：搅动水源。

【译文】

到北方最远的地方，要从九泽一直到大海之边，北至令正山谷，那里长年冰天雪地，雪雹霜霰不断，为漂润群水的水源之处，是颛顼、玄冥所管辖的地域，共一万两千里。他们的政令是：重新申明各种禁令，加强固定收藏封闭，修筑设立关卡障碍，修整关口桥梁，杜绝居民流徙，处理判定刑罚，处决那些罪大恶极者，关闭城门，全面搜捕外来流动犯罪分子，禁止交往游玩，不准夜间寻欢作乐，门户提早关闭，以便搜寻奸邪之徒，如抓获这些奸邪之徒，要严加看管拘押。这时一年的节令将结束，执行刑罚要严厉，对死刑不能宽赦，即使是势力庞大、地位尊贵的亲族犯罪，也要依法判决。这时不可搅动水源，不要打开动用封藏之物，不要释放罪人。

制度，阴阳大制有六度：[1]天为绳，地为准，春为规，夏为衡，秋为矩，冬为权。[2]绳者所以绳万物也，准者所以准万物也，规者所以员万物也，衡者所以平万物也，矩者所以方万物也，权者所以权万物也。

【注释】

①阴阳大制有六度：按照阴阳制定的规范有六种。

②绳：测量物体曲直的绳子。准：测量物体是否水平的仪器。规：测量物体是否圆的仪器。衡：测量物体是否均衡的仪器。矩：测量物体是否方正的仪器。权：称量、权衡。

【译文】

制度，按照阴阳制定的规范有六种：天对应绳，地对应准，春对应规，夏对应衡，秋对应矩，冬对应权。绳用来衡量万物的曲直，准用来衡量万物的水平，规用来衡量万物是否圆，衡用来衡量万物是否平衡，矩用来衡量万物是否方正，权用来称量万物的轻重。

卷六　览冥训

昔者师旷奏《白雪》之音，[1]而神物为之下降，风雨暴至，平公癃病，晋国赤地。[2]庶女叫天，雷电下击，景公台陨，支体伤折，海水大出。[3]夫瞽师庶女，位贱尚葈，权轻飞羽，[4]然而专精厉意，委务积神，[5]上通九天，激厉至精。[6]由此观之，上天之诛也，虽在圹虚幽闲，辽远隐匿，重袭石室，[7]界障险阻，其无所逃之，亦明矣。

【注释】

①师旷：春秋时晋国著名盲人乐师，尤精音乐，善弹琴，辨音力极强。

②癃（lóng）：中医指小便不通或淋沥点滴而出。赤地：旱灾导致草木不生。

③庶女：平民妇女。叫：呼喊。高诱注解"庶女叫天"说："齐之寡妇，无子，不嫁，事姑谨敬。姑无男，有女，女利母财，令母嫁妇。妇益不肯，女杀母以诬寡妇。妇不能自明，冤结叫天。天为作雷电下击，景公之台陨，坏也，毁景公之支体，海水为之大溢出也。"景公：齐景公，公元前547年至前490年在位。

④尚：掌管。葈（xǐ）：麻的一种。这句话的意思是，盲人乐师地位低下，平民妇女管理麻草事务，地位也很低下。飞羽：飞扬的羽毛，指轻微。

⑤厉：专一。厉意：专心致志。委：堆积。务：从事。

⑥九天：天有九重。至精：这里指达到极限。

⑦袭：量词，一套衣服称一袭。重袭：指有多套衣服。

【译文】

从前师旷演奏高雅的《白雪》乐曲，神圣之物为了他而降临，随之狂风大作，暴雨飘洒下来，晋平公于是得病，晋国大旱草木不生。齐国的平民妇女向上天哭诉冤屈，结果雷电从天下击，摧垮了齐景公的宫台，景公四肢受伤折断，海水大规模溢出。盲人师旷地位不高，小寡妇只懂得处理麻草的事务，他们地位比飞扬的羽毛还轻，然而他们专心致志，集中精力，于是能和九天相通感化神圣之物，达到了极致。由此看来，上天如果要诛杀处罚谁，他就是躲在空旷无人的地方，逃到边远隐蔽的地方，穿上多层衣服，用多重石室和关隘来阻挡，也不会逃过的，这一点很明显了。

武王伐纣，渡于孟津，①阳侯之波，②逆流而击，疾风晦冥，人马不相见。于是武王左操黄钺，右秉白旄，③瞋目而扮之曰：④"余任天下，⑤谁敢害吾意者！"于是风济而波罢。⑥鲁阳公与韩构难，⑦战酣，日暮，援戈而扮之，日为之反三舍。⑧夫全性保真，不亏其身，遭急迫难，精通于天，若乃未始出其宗者，⑨何为而不成！夫死生同域，不可胁陵。⑩勇武一人，为三军雄。彼直求名耳，而能自要者尚犹若此，⑪又况夫宫天地，怀万物，⑫而友造化，含至和，⑬直偶于人形，⑭观九钻一，⑮知之所不知，而心未尝死者乎！

【注释】

①孟津：古黄河津渡名。在今河南孟津县东北、孟州西南。相传周武王在此盟会诸侯并渡河。

②阳侯：波涛之神。原为陵阳国侯，被水淹死后成为神。

③钺(yuè)：古兵器名，像大斧子。黄钺：黄金装饰的钺。黄钺、白旄是古代王者使用的仪仗，象征帝王的权力。

④瞋(chēn)目：睁大眼睛瞪视。扮(huī)：通"挥"。

⑤任：担任。任天下：承担治理天下的责任。

⑥济、罢：都是指停止。

⑦鲁阳公：楚平王之孙，受封为鲁阳县公。构难：结成冤仇，进行交战。

⑧反：返回。

⑨出：脱离。宗：根本，指人受之于天的本性。

⑩死生同域：死生在同一个领域，意为生死不可分开。胁陵：挟持

凌辱。

⑪自要:自我约束。

⑫宫:圈围。宫天地:囊括天地。怀万物:怀抱万物。

⑬友造化:与造化为友。至和:最和顺的状态。

⑭偶:成对,相同。

⑮九:泛指其多,事物泛滥繁多。钻:钻研。一:指前文讲的大"道"。

【译文】

周武王率军讨伐商纣,正在孟津渡口过河的时候,波浪之神突然卷起大浪迎头打来,顿时狂风大作天昏地暗,人马相互之间都看不清楚。这时,武王左手举起黄钺,右手挥动着白旄,瞪着眼睛喊道:"我担负治理天下的重任,谁敢损害我的意志决心!"于是风平浪静了。鲁阳公与韩国结仇交战,战斗正激烈太阳却要落山了,鲁阳公挥舞着兵戈大喊,太阳竟后退三个星宿的位置。看来,那些保养真性情、不使身形损亏的人,当处危难时刻,他的精诚就能上通天帝而得到助佑。如果一个人从未曾偏离道之根本,那么做什么事都会成功。那些将生死视为同一的人,是无法将他胁迫欺凌的;同样威武勇猛的人是可以称雄三军的。那些不过是追求名声荣誉的人就能这样要求自己,又何况能够包裹天地怀抱万物,与造化是朋友,拥有最和顺气质的人呢?他们虽然也有人的形体,却能够广泛观察仔细研究,懂得很难懂得的事情,内心保持勃勃生机,从不会死亡!

昔雍门子以哭见于孟尝君,[①]已而陈辞通意,抚心发声,孟尝君为之增欷歍唈,流涕狼戾不可止。[②]精神形于内,而外谕哀于人心,[③]此不传之道。使俗人不得其君形者而效其容,[④]必为人笑。故蒲且子之连鸟于百仞之上,[⑤]而詹何之骛鱼于大渊之中,[⑥]此皆得清净之道,太浩之和也。

【注释】

①雍门子:战国时齐国人,名周,因住在雍门得名。孟尝君:即田文,战国时齐国贵族,被齐湣王任命为相国,他门下有数千名食客,人称孟尝君。他与楚国春申君、魏国信陵君、赵国平原君合称战国四公子。

②欷(xī)：哭泣。歍(wū)：通“呜”，呜咽。唈(yì)：呼吸不通顺。狼戾：纵横交错。

③形于内：在内心形成。谕：告诉。

④君形者：主宰形体的精神。

⑤蒲且(jū)子：楚人，善于射箭。连鸟：用弓弩射鸟。

⑥詹何：善于钓鱼的人。鹜：力求，致力于。

【译文】

过去雍门子因善于悲歌而受到孟尝君的接见，见面后，雍门子叙述了人只有在悲切忧愁的环境中才能被悲歌哀乐触动的道理，然后雍门子手抚胸部开始唱起悲切的歌，这正好激发触动了孟尝君的原本悲痛处，于是也就情不自禁地呜咽叹息，后又泣不成声，眼泪纵横不能制止。精神凝聚于内心，又能够表现出来，引动人的悲情，这是教不会的。假如世俗之人没有学到其中的精髓，只模仿外表，一定会被人取笑。所以，蒲且子能够射下百仞之高的飞鸟，詹何能够钓得深渊中的游鱼，都是在于他们掌握了清静之道、和浩之志的缘故。

夫物类之相应，玄妙深微，知不能论，[①]辩不能解。……故山云草莽，水云鱼鳞，旱云烟火，涔云波水，[②]各像其形类所以感之。夫阳燧取火于日，方诸取露于月……引类于太极之上，[③]而水火可立致者，阴阳同气相动也。……

【注释】

①物类之相应：汉代普遍流行同类事物相互感应的观点，主要是以阴阳五行为基础。知：才智。

②涔：持续下雨不断，积水成涝。

③引类：引导同类。太极：最根本，最高境界。

【译文】

各种事物间的互相感应，其中的奥秘玄妙深微，靠智慧无法讲清，用辩说不能解释。……所以山上的云彩像浓密的草丛，水面上的云彩像鱼鳞，旱地上的云彩像燃烧的烟火，积水的土地上的云彩像水的波纹，这些云彩都和它们所在的地方情况相像，这是它们互相感应的结果。阳燧放在太阳底下取火，方诸放在月亮下面获得水……从最本源的地方引来同类事物，水和火马上就得到了，这说明阴阳同气同类是能互相感应触动的。……

今夫调弦者，叩宫宫应，弹角角动，①此同声相和者也。夫有改调一弦，其于五音无所比，②鼓之而二十五弦皆应，此未始异于声，而音之君已形也。③故通于太和者，④惛若纯醉，⑤而甘卧以游其中，而不知其所由也。纯温以沦，⑥钝闷以终，⑦若未始出其宗，是谓大通。

【注释】

①调弦：当是调瑟，瑟二十五弦。这是用同声相和来表达同类相动的道理。

②比：对应。无所比：五音各不相同，没法对应。

③音之君：音律的主宰。

④太和：最高的和，指没有分别的大全，即"道"。

⑤惛（hūn）：混混不清楚。纯醉：大醉。

⑥纯温：纯洁温和。沦：沦陷，这里指结束生命。

⑦钝闷：迟钝闭塞。终：亦指结束生命。

【译文】

调瑟的时候，叩击这一宫弦，则另一瑟上的宫弦也会应和发声，弹奏这一角弦，则另一瑟上的角弦也会感应共鸣，这是因为同类的声音彼此应和啊。如果改换一根弦，它的声音和五种音律都无法对应，弹奏它，二十五根弦都做出回应，它并非不是声音，但这个音律却是音乐的主宰，这个已经很明显了。所以，与"和"的最高境界相通的人，混混不清楚像醉了一样，甜美地睡着了，却漫游于最和顺的境地，不知道这其中的原因。他纯粹很温和地逝去，看起来迟钝闭塞地了此一生，就像从来没有脱离最初的状态，这就叫“大通”。

今夫赤螭、青虬之游冀州也，[①]天清地定，毒兽不作，飞鸟不骇……蛇鳝轻之，以为不能与之争于江海之中。若乃至于……扶摇而登之，威动天地，声震海内，蛇鳝着泥百仞之中，[②]熊罴匍匐丘山磛岩，[③]虎豹袭穴而不敢咆，[④]猨狖颠蹶而失木枝，[⑤]又况直蛇鳝之类乎！

【注释】

①螭(chī)：传说中的无角龙。虬(qiú)：传说中有角的龙。冀州：九州之一，这里指代中原地区。

②着泥：在泥中行动。

③罴(pí)：一种熊。磛(chán)：通“巉(chán)”，山势险峻的样子。

④袭：衣上加衣为袭，多层衣服。袭穴：层层洞穴，躲在深洞里。

⑤狖(yòu)：古书上说的一种猴，黄黑色，尾巴很长。颠蹶：跌落。

【译文】

没角的赤螭和有角的青虬游荡在中原地区，天空清澈大地安定，有毒的野兽并不乱跑，飞鸟也不感到害怕……蛇鳝轻视赤螭和青虬，以为它们不能与自己在江海中争高低。等到赤螭和青虬……乘风而上使天地震撼，声音使海内震动，蛇鳝赶紧钻到百仞深的泥中，熊罴赶紧趴伏在高岗的石头旁边，虎豹躲在深洞里不敢吼叫，长尾巴的猿猴抓不住树枝跌落下来，又岂能是蛇鳝之辈能比的！

凤凰之翔至德也，[①]雷霆不作，风雨不兴，川谷不澹，[②]草木不摇。而燕雀佼之，[③]以为不能与之争于宇宙之间。还至其曾逝万仞之上，[④]翱翔四海之外……当此之时，鸿鹄鸧鹤莫不惮惊伏窜，[⑤]注喙江裔，[⑥]又况直燕雀之类乎！……

【注释】

①至德:在有最高道德的世界里。

②澹(dàn):起波浪。

③佼:通“姣”。《广雅》:“姣,侮也。”羞辱。

④曾(zēng):增加。

⑤鸧(cāng):一种鸟。惮惊:担惊受怕。

⑥注喙:鸟把嘴插在沙地里。江裔:江河的岸边。

【译文】

凤凰飞翔在最高道德的世界里,没有雷霆,没有风雨,大江大河不起波浪,草木不摇动。然而燕雀轻视它,以为凤凰在空中不能和自己争高低。等到凤凰快速飞到万仞的高处,翱翔到四海的外面……这时鸿鹄鸧鹤没有不害怕潜伏或逃窜的,它们将嘴插进江边的沙地里,又岂能是燕雀能相比的!……

昔者黄帝治天下,而力牧、太山稽辅之,①以治日月之行律,②治阴阳之气,节四时之度,正律历之数;别男女,异雌雄,明上下,等贵贱;使强不掩弱,众不暴寡,③人民保命而不夭,岁时熟而不凶;④百官正而无私,上下调而无尤;⑤法令明而不暗,辅佐公而不阿;⑥田者不侵畔,渔者不争隈;⑦道不拾遗,市不豫贾;⑧城郭不关,邑无盗贼,鄙旅之人,⑨相让以财;狗彘吐菽粟于路,⑩而无忿争之心。于是日月精明,星辰不失其行;风雨时节,五谷登熟⑪……诸北儋耳之国,莫不献其贡职。⑫

【注释】

①力牧:黄帝的大臣,能使用重千钧的弓弩。太山稽:黄帝的老师。

②治:整理。行律:运行规律。

③掩:欺负。暴:施暴。

④岁:一年的收成,指年景。时熟:按时成熟。凶:灾祸。

⑤调:协调。尤:抱怨。

⑥阿：迎合奉承，偏私。

⑦畔：田地隆起来的地界。隈（wēi）：水流弯曲的地方。

⑧豫：愚弄。贾（jià）：通“价”，价格。豫贾：虚报价格骗人。

⑨鄙：边远。旅：旅行。

⑩狗彘吐菽粟于路：猪狗因为吃饱了，把嘴里的菽粟吐在地上。

⑪时：按照时令。节：节气。时节：按照时令节气。登：谷物成熟。

⑫诸北：北方各个诸侯。儋（dān）耳：古代北方国名。贡职：进贡述职。

【译文】

古时候黄帝依靠力牧和太山稽辅佐他治理天下，他们遵照日月运行的规律，使阴阳之气交合，使四季分明可以按时节度量，调整音律和历法；区别男女，分辨雌雄，使上下等级分明，使贵贱有级别；使强的不欺凌弱的，势众的不对人少的施暴，人们保全性命而不早年丧生，收成会按时成熟不会发生灾荒；所有官吏公正而没有偏私，上下等级和谐不相互抱怨；法令光明正大而不隐藏，辅佐的人公平而不迎合奉承；种田的不侵犯地界，捕鱼的不抢争鱼多的水流拐弯处；路上没有人把别人丢失的东西拾走，市场上没有人虚报价格骗人；城门不必关，城内没有盗贼，边远地方来的流民谦让钱财；猪狗吃饱了将嘴里的食物吐在路上，没人想着去争抢什么。所以日月极为明亮，星辰运行正常；风雨按照时令节气降临，五谷都成熟丰收……诸如儋耳等北方各个诸侯，纷纷来进贡述职。

卷七　精神训

古未有天地之时，惟像无形，[①]窈窈冥冥，芒芠漠闵，澒濛鸿洞，[②]莫知其门。有二神混生，[③]经天营地，孔乎莫知其所终极，滔乎莫知其所止息。[④]于是乃别为阴阳，离为八极。刚柔相成，万物乃形。烦气为虫，精气为人。[⑤]是故精神天之有也，而骨骸者地之有也。[⑥]精神入其门，而骨骸反其根，[⑦]我尚何存？……

【注释】

①惟像无形：只有模糊的形象而没有具体形体。

②窈窈、冥冥：都是黑暗不明的样子。芒芠（wén）、漠闵、澒（hòng）濛、鸿洞：都是天地未成之时的混沌状态。

③二神：两种神灵，指阴阳二气。

④孔：深入。滔：弥漫，充满。

⑤烦气：繁杂混乱的气。精气：精华之气。

⑥"是故"二句：人由精华之气构成，人体又分为轻清之气形成的精神和重浊之气形成的形体（骨骸），分别来自天的阳气和地的阴气。

⑦"精神"二句：指人死后精神和骨骸分别回归天和地。

【译文】

上古还没有形成天地的时候，只有模糊不清的状态而无具体形状，这种状态是昏暗幽深、混沌不清，无法知道它的门道。那时有阴阳二神同时产生，一起营造天地；其深远得不知它的尽头，宽广得不知它的边缘。这时便分出天地阴阳，散离成四方八极，阴阳二气互相作用，万物才从中产生形成。这里杂乱的气产生鱼鸟禽兽和昆虫，而精华的气则产生人类。因此，人的精神归属于上天，而形骸归属于大地。如果人死以后，精神归属于上天，形骸归属于大地，那"我"还以什么存在？

夫精神者，所受于天也；而形体者，所禀于地也。故曰："一生二，二生三，三生万物。万物背阴而抱阳，冲气以为和。"①故曰：一月而膏，二月而胅，②三月而胎，四月而肌，五月而筋，六月而骨，七月而成，八月而动，九月而躁，十月而生。形体以成，③五脏乃形。是故肺主目，肾主鼻，胆主口，肝主耳。④外为表而内为里。开闭张歙，各有经纪。⑤故头之圆也象天，足之方也象地。天有四时、五行、九解、三百六十六日，⑥人亦有四肢、五脏、九窍、三百六十六节。⑦天有风雨寒暑，人亦有取与喜怒。故胆为云，肺为气，肝为风，肾为雨，脾为雷，以与天地相参也，⑧而心为之主。

【注释】

①"一生二"五句：语出老子的《道德经》第四十二章。是指宇宙衍生的次序，"一"指混沌元气，"二"指阴阳二气，"三"指阴阳交合而成的和气。根据同类感应学说，又被用来做胎儿成长的阶段。冲：撞击，指接触交合。

②胅(dié)：凸起。一月、二月都指怀胎的月份，用来计算时长。

③以：得以。

④"是故"四句：五行学说以人的五脏配五官。

⑤歙(xī)：收敛，吸进。经纪：条理有秩序。

⑥九解：把全天分为九个区域，与九野同义。

⑦三百六十六节：古人误以为人有366个骨节，和一年366日的日数对应。

⑧"故胆为云"六句：五行学说以五脏配五种天气现象。参：参验。古人认为人体是一个小宇宙，五脏六腑皆可以与天的现象相参验。

【译文】

人的精神是从上天那里得到的；而形体则是从大地那里得到的。所以说："混沌元气产生了阴阳二气，阴阳相互交合产生了第三种气，即和气，和气孕育产生了万物。万物背负着阴气怀抱着阳气，阴阳二气相互撞击交合形成和气。"所以说，人怀胎一个月的时候胎儿像一团膏状物，两个月的时候像凸起的肿块，三个月的时候形成胚胎，四个月的时候长出肌肉，五个月的时候生出神经脉络，六个月的时候生成骨骼，七个月的时候就有了人形，八个月的时候就会动弹了，九个月的时候出现频繁的胎动，十个月的时候胎儿就出生了。人的形体得以完整形成，那么五脏也就形成了。所以，按照五行相配学说，肺主管眼睛，肾主管鼻子，胆主管嘴巴，肝主管耳朵。外表五官和内部五脏，开闭张合，各自互相联系着，条理而有秩序。所以，根据同类相应学说，头是圆的，和天相似；脚是方的，和地相似。上天分为四个季节、金木水火土五行、九个区域、三百六十六天，相对应的，人的身体也有四肢、五脏、九窍、三百六十六个关节。天会起风、降雨，有寒冷也有暑热；相应的，人也会获取和给予，有高兴和愤怒。所以，胆对应云，肺对应气，肝对应风，肾对应雨，脾对应雷，这样人体的不同部分就能和上天、大地的不同分类相互对应，而人的心脏是五脏的主宰。

是故耳目者，日月也；血气者，风雨也。……日月失其行，薄蚀无光。[①]风雨非其时，毁折生灾。五星失其行，州国受殃。夫天地之道，至纮以大，[②]尚犹节其章光，爱其神明，[③]人之耳目曷能久熏劳而不息乎？[④]精神何能久驰骋而不既乎？[⑤]

【注释】

①薄：模糊没有光泽。薄蚀：日月模糊像被吃了，指日食或者月食。

②纮（hóng）：通“宏”，宏大的意思。

③章光、神明：光芒显耀，精神明亮，都是指灿烂光明。

④熏：用火烧灼。熏劳：非常劳苦。

⑤驰骋：骑着马快跑，这里形容精神激动，动荡不宁。既：停下来。

【译文】

所以耳目对应着日月，血气对应着风雨。……日月丧失了运行的规律，就会出现日食月食，模糊没有光亮。风雨不按时令发生，就会毁坏折断万物形成灾祸。五种行星丧失了运行的规律，它们对应的区域和国家就会遭受灾殃。天地的“道”无比宏大，尚且要节制发光，珍爱它的精神明亮,人的耳目岂能长久劳累它而不休息?人的精神怎能长久激烈动荡而不停下来?

是故血气者,人之华也;[1]而五藏者,人之精也。夫血气能专于五藏而不外越,[2]则胸腹充而嗜欲省矣。胸腹充而嗜欲省,则耳目清,听视达矣。耳目清,听视达,谓之明。五藏能属于心而无乖,则勃志胜而行不僻矣。[3]勃志胜而行之不僻,则精神盛而气不散矣。精神盛而气不散则理,[4]理则均,[5]均则通,通则神。神则以视无不见,以听无不闻也,以为无不成也。……

【注释】

①华:精华,这里的"华"和"精"都是精华,血气和五脏是人的精髓。

②专:凝结。

③乖:乖张。勃(bèi):通"悖",违背。勃志:违背心意。胜:克制。僻:邪气。

④理:理顺。

⑤均:平,匀,引申为调和。

【译文】

所以说人的气血和五脏是人的精华。血气如能专注聚集在五脏之内而不外溢,那么这胸腹内的五脏就充实而偏好欲望也随之减少。五脏充实而偏好欲望减少,就能使人的耳目清澈聪明,视听就畅达。耳目清澈聪明,视听畅达,叫作"明"。五脏能归属于心而不与心违逆,这样旺盛之气占优势而使人行为不乖张狂悖、有怪癖,人的精神就旺盛而精气不散泄。精神旺盛和精气不散泄则顺畅,顺畅就调匀,调匀则通达无阻,通达无阻就能神明。这种能力能使人视无不见、听无不闻,没有什么事办不成。

夫孔窍者,精神之户牖也。而气志者,五藏之使候也。[1]耳目淫于声色之乐,则五藏摇动而不定矣。五藏摇动而不定,则血气滔荡而不休矣。[2]血气滔荡而不休,则精神驰骋于外而不守矣。精神驰骋于外而不守，则祸福之至，虽如丘山，无由识之矣。使耳目精明玄达而无诱慕，[③]气志虚静恬愉而省嗜欲，五藏定宁充盈而不泄，精神内守形骸而不外越，则望于往世之前，而视于来事之后，犹未足为也，岂直祸福之间哉？故曰：其出弥远者，其知弥少。以言夫精神之不可使外淫也。[④]

【注释】

①使候：使者。

②滔荡：血气冲荡不停。

③玄达：极为通达。诱慕：受外物诱惑而羡慕。

④淫：过多。这里指精神过度溢出来。

【译文】

人的孔窍是精神与外界相通的门窗，血气就像是人体五脏的使者。眼睛和耳朵沉溺于音乐和美色，五脏就会摇动不能安定下来。五脏摇动不能安定下来，血气就会像海水一样冲荡停不下来。血气就会像海水一样冲荡停不下来，精神就会向外奔泻而不能修养本性。精神向外奔泻而不能修养本性，那么，即使大如山冈的祸福来到眼前，人也无法看清。如果眼睛清澈、耳朵极为通达而不受外物诱惑，意气心思空虚安静、安逸快乐而减少偏好欲望，五脏安定宁静、充实而不泄露出来，精神在身体内部守护着形体骨骼而不向外播撒，那么就能看到远古以前的事情，预知将来之后的事情，就这样还是微不足道，轻而易举的，更何况只是用来看清眼前的祸福呢？所以说，精神向外泄出得越远，人们知道得就会越少。这就充分说明精神是不能外泄散逸的。

是故五色乱目，[①]使目不明；五声哗耳，[②]使耳不聪；五味乱口，使口爽伤；[③]趣舍滑心，使行飞扬。[④]此四者，天下之所养性也，然皆人累也。故曰：嗜欲者，使人之气越；[⑤]而好憎者，使人之心劳，弗疾去，则志气日耗。夫人之所以不能终其寿命，而中道夭于形戮者，[⑥]何也？以其生生之厚。夫惟能无以生为者，则所以修得生也。[⑦]

【注释】

①五色：五种基本颜色，青、赤、黄、白、黑，泛指各种色彩。

②五声：五种音律，宫、商、角、徵、羽，泛指各种声音。

③五味：五种味道，酸、苦、甘、辛、咸，泛指各种味道。爽：损伤。

④趣舍：取和舍，获取和舍弃。滑：搅乱。飞扬：轻薄不稳重。

⑤越：播撒。

⑥形戮：形通"刑"，刑杀的时节，指违反养生就会遭到天命刑杀。

⑦修：修养。修得生：修养获得长生。

【译文】

所以，五色迷乱眼睛，使双眼昏暗不明；五声哗乱耳朵，使双耳堵塞不聪；五味扰乱舌味，使口舌麻木无味；追逐名利而惑乱心性，使人行为放荡不羁。这四样东西，是天下人用来滋养性命的，而实际却是人生的负担。所以说：偏好欲望使人的精气播撒消散，喜好和厌恶使人的内心疲惫，不快点消除的话，人的心气就会一天天消耗殆尽。人之所以不能按照上天赐予的寿命自然死亡，活到半路就遭到上天的刑杀而早死，为什么？就是因为他的内心滋生了过度享受生活的欲望。只有那些不刻意追求声色犬马的人，才可以修养得到长久的生命。

夫天地运而相通，万物总而为一。①能知一，则无一之不知也。不能知一，则无一之能知也。譬吾处于天下也，亦为一物矣，不识天下之以我备其物与？且惟无我而物无不备者乎？②然则我亦物也，物亦物也，物之与物也，又何以相物也？③……或者生乃徭役也，而死乃休息也。天下茫茫，孰知之哉！其生我也，不强求已；④其杀我也，不强求止。欲生而不事，⑤憎死而不辞。贱之而弗憎，贵之而弗喜。随其天资而安之不极。⑥吾生也有七尺之形，吾死也有一棺之土。吾生之比于有形之类，犹吾死之沦于无形之中也。⑦然则吾生也物不以益众，⑧吾死也土不以加厚。吾又安知所喜憎利害其间者乎！……

【注释】

①运：运行。总：汇总，聚合。一：整个“道”。

②惟：唯独。

③相物：互相视对方为物。

④已：停止。

⑤事：从事。

⑥极：急。

⑦“吾生也”四句：人的生命是由气聚合而成的，气散了就会死，所以人活着的时候，像万物具有形貌，人死之后则返回无形的气。

⑧益：增加。益众：增加更多的东西。

【译文】

天地二者运行并且相通，万物汇聚合成一个“道”。能够了解了天道自然，那么，就没有什么事物不能了解了。不能了解天道自然，那么什么事物你也不会了解的。比如，我生活在世界上，也是一种事物，不知道加上我，天下的所有事物才算齐备了呢，还是唯独没有我，天下所有事物并没有不齐备的？然而我是事物，事物也是事物，事物与事物之间，凭什么说对象是物，而自己是人……或许人活着不过是在服劳役，死了就是休息了。天下混沌不清，谁知道这个问题呢！它要想让我活着，我也不强求停下来休息；它要想杀死我，我也不强求它罢手。我想要活着但不会去贪求生存；我就是讨厌死，也不会躲避它。轻视生命但不会厌恶活着；看重生命但不会为活着欢喜。顺从上天的赐予，悠然自得不追求极致。我活着不过有个七尺形体，死去不过有个棺材大小的坟墓。我活着和其他有形物体一样分不出来，就像我死后化为无形的气一样融在其中。这样，我活着，天下的事物也不会因此显得变多了，我死了，大地上土壤也不会因此就变厚了。由此我又怎么知道这中间到底是该高兴还是该憎恶呢，是有利还是有害呢？……

所谓真人者，性合于道也。故有而若无，实而若虚。处其一，不知其二。治其内，不识其外。①明白太素，无为复朴。②体本抱神，[3]以游于天地之樊。[4]芒然仿佯于尘垢之外，[5]而消摇于无事之业。[6]浩浩荡荡乎，机械知巧弗载于心。[7]是故死生亦大矣，而不为变，虽天地覆坠，亦不与之抮抱矣。[8]审乎无瑕，[9]而不与物糅；见事之乱，而能守其宗。若然者，正肝胆，遗耳目，[10]心志专于内，通达耦于一。[11]……形若槁木，心若死灰，忘其五藏，损其形骸。[12]不学而知，不视而见，不为而成，不治而辩。[13]感而应，迫而动，不得已而往。……有精而不使，有神而不行。契大浑之朴，而立至清之中。[14]是故其寝不梦，其智不萌，其魄不抑，其魂不腾，反复终始，不知其端绪。……此精神之所以能登假于道也，[15]是故真人之所游。

【注释】

①一：指自身。二：指外物，与自己相对。内：内心。外：外在表现。

②太素：最白，极致的白。复朴：复归最初的状态。

③体：体会。本：本性。抱神：怀抱着精神。

④樊：篱笆，用来隔离范围。

⑤芒然：不清楚，没有目的。仿佯（páng yáng）：徘徊不定，走来走去。尘垢：尘世。

⑥消摇：即逍遥。业：从事的工作，指领域。

⑦机械：机巧、方法技巧。

⑧抮（zhěn）：旋，旋转。抮抱：纠缠在一起转动。

⑨审：审查。瑕：玉石的斑痕。无瑕：指没有痕迹，纯洁的本性。

⑩肝胆：指身体内部。耳目：指外表。

⑪耦：契合。一：指“道”。

⑫死灰：完全熄灭的火灰，因其颜色为灰白色，用以形容类似的颜色。损：放弃。

⑬治：与“辞”通。不治而辩：不用言辞而就能分辨。

⑭契：契合，符合。大浑：混沌状态。至清：太清，清净虚无的最高境界。

⑮登：攀登。假：到达。登假：向上攀登达到。

【译文】

所谓心性修养成功的人，是指他的本性与“道”相契合。所以，他好像存在又好像不存在；他似乎充实却又空虚。持守着他的自身，不在乎外物。他调养内心而不理会外物的诱惑。他的心性光明而纯洁，他并不人为地做什么，复归淳朴的自然状态。他体察到本身的心性怀抱着精神，在天地范围内悠然漫游。他没有清晰的目的，在尘世走来走去，在无边无际的空间逍遥自在。他的内心气魄浩浩荡荡，心里没有阴谋诡计，才智技巧。所以，就是生死这样的大事都不能使他有所变化；就是天翻地覆也都不能使他有所变动。他清楚地知道本性是纯洁的，因此不与外物纠缠不清；他看到世上的事情杂多混乱，但能够持守自然心性。就这样，修养得道的人内心纯正，不受外在的影响，心思专注于自己的本性，和万物相通并且符合大“道”。……他的形体看起来像枯木，他的内心平静得如死灰，他遗忘了他的五脏的存在，放弃了他的骸骨。他不用学习就能了解事物，他不用刻意去看就能见到想看的，他不用刻意去做就完成了想做的，他不用说话就能辨明道理。他受外物感触才做出反应，他受到外物逼迫才行动，万不得已的情况下他才向前走。……他拥有精力却不使用它，他有神气却不搅动它。与最初混沌的状态相融合，他身处在最清澈明亮的境界中。所以心性修养成功的人睡觉时不做梦，机智技巧不会萌生出来，气魄不会低下潜伏，灵魂不会上升，不断轮回重复，搞不清楚开端头绪。……这就是人的精神为什么能够上通于“道”，所以他能够悠然自得。

卷八　本经训

太清之治也,[1]和顺以寂漠,质真而素朴,闲静而不躁,推移而无故。[2]在内而合乎道,出外而调于义。发动而成于文,行快而便于物。其言略而循理,其行侻而顺情。[3]其心愉而不伪,其事素而不饰。……机械诈伪,莫藏于心。

【注释】

①清:清澈、纯净的意思。太清:清静无为的最高境界,这里指理想中的最美好的远古时代。

②推移:推动变更。故:有企图。

③侻(tuō):简单。

【译文】

远古时代圣人治理天下,平和随顺事物本性、寂静无为,保持它们的质性纯真而不加雕饰;他闲静而不浮躁,任凭事物自然发展而不以规矩去限制;他内在精神与道体相符,外在行为与德行协调;他行为举动成顺法度,处事快捷便利事物;他的言论扼要简略而合循事理,行为洒脱简易而随顺常情;他心胸开阔愉悦而不伪作,行事朴实简约而不巧饰。……算计欺诈虚伪,不会藏匿在心里。

逮至衰世,镌山石,锲金玉,[1]擿蚌蜃,消铜铁,而万物不滋。[2]刳胎杀夭,[3]麒麟不游。覆巢毁卵,凤凰不翔。钻燧取火,构木为台。焚林而田,竭泽而渔。人械不足,畜藏有余,而万物不繁兆。萌牙卵胎而不成者,处之太半矣。……及至分山川溪谷,使有壤界;计人多少众寡,使有分数;筑城掘池,设机械险阻以为备;饰职事,[4]制服等,[5]异贵贱,差贤不肖,经诽誉,[6]行赏罚,则兵革兴而分争生。[7]

民之灭抑夭隐，[8]虐杀不辜，而刑诛无罪，于是生矣。……

【注释】

①镌(juān)：开凿，镌刻。镌山石：开凿山石，指开采矿产。锲：截断。

②擿(tì)：剖开；分。蜃(shèn)：中国神话传说的一种海怪，形似大牡蛎。消：熔化、冶炼。滋：使生长。

③刳(kū)：剖开。夭：幼小的动物。

④饰：整饬。饰职事：指整顿官吏制度。

⑤服等：服饰等级制度，身份不同衣服不同。

⑥经：治理，判决。

⑦分争：纠纷、战争。

⑧灭抑夭隐：死亡、冤屈、夭折、逃亡。

【译文】

到了道德衰败的时代，人们开凿山石获取矿产，截断黄金玉器，剖开牡蛎等蚌类，熔化冶炼铜铁，因此万物无法滋生成长。人们剖开动物的肚子获取胎儿，杀死幼小的野兽，所以麒麟这样的瑞兽也不出来活动。人们倾覆鸟巢，打碎了鸟卵，所以凤凰也不出来飞翔。人们通过钻燧获得火种，用木头搭建起高台。焚烧山林捕猎野兽，取尽湖泊里的水捕鱼。人们使用的器械工具缺乏，而统治者国库内的物资储存却聚积有余，所以万物无法繁衍昌盛。各类事物在萌芽状态或胚胎阶段就死亡的，占到了全部的半数以上。……等到划分了山谷河流设定了界限；计算人口的多少，时多时少都划分好了份额；修城墙挖城池，设置机关险隘用来防备；整顿官吏明确职务制度，根据不同等级制定穿衣制度，区分高贵和卑贱之人，划分贤能和没有才能的人，判决出什么该批评什么该赞誉，行使奖赏和处罚的措施，于是纠纷兴起、战祸迭起，人们面临死亡、蒙受冤屈、早死或者逃亡，统治者残酷杀害无辜的人，惩罚没有罪的人，这一切就这样发生了。……

古之人，同气于天地，与一世而优游。[1]当此之时，无庆贺之利,[2]刑罚之威,礼义廉耻不设,毁誉仁鄙不立。而万民莫相侵欺暴虐,犹在于混冥之中。[3]

【注释】

①一世:整个世界。优游:悠然自得地遨游。

②庆贺:庆祝恭贺。

③混冥:混沌黑暗的状态。

【译文】

远古时候的人和天地阴阳之气相互混同,在整个世界中悠然自得地游荡。在那个时候,没有庆祝恭贺之类的利益诱惑,人们没有遭受刑罚的威胁,没有设立礼义廉耻的规矩,判断诋毁和赞誉、仁爱和卑劣的标准也没有产生。但是人们没有相互侵犯欺负,施暴伤害对方,还像处在混沌不明的状态之中。

逮至衰世,人众财寡,事力劳而养不足,于是忿争生,是以贵仁。仁鄙不齐,比周朋党,设诈谞,[1]怀机械巧故之心,[2]而性失矣,是以贵义。阴阳之情,莫不有血气之感。男女群居杂处而无别,是以贵礼。性命之情,淫而相胁以不得已,[3]则不和,是以贵乐。是故仁义礼乐者,可以救败,而非通治之至也。[4]夫仁者,所以救争也;义者,所以救失也;礼者,所以救淫也;乐者,所以救忧也。

【注释】

①谞(xǔ):谋划。

②巧故:有技巧有企图。

③淫:过度,放纵。胁:胁迫。

④救败:挽救失败。通治:行得通的治理。至:达到极致。

【译文】

到了道德衰败的时代,人口变多了,财富减少了,人们做事非常辛劳但供养的物质不够,于是人们之间产生了怨恨和争斗,所以就看重仁爱。

但有仁爱的人也有卑劣的人，各不相同，还有人结党营私策划着阴谋诡计，内心里怀着狡诈世故，这样人就偏离了本性，所以要格外看重正义。阴阳之气的交合，和人们的血气情绪没有不相互感应的。男女聚集起来杂乱地处在一起，没有区别，所以要格外看重礼节。生命的性情过度放纵相互胁迫，人们之间就不能和谐了，所以要格外看重和谐快乐。所以，仁义礼乐可以用来挽救失落的时代，却不能使天下能够得到最好的治理。仁，是用来挽救人们相互争斗的；义，是用来挽救人们偏离本性的；礼，是用来挽救人们过度放荡的；乐，是用来挽救人们忧愁怨恨的。

神明定于天下，[①]而心反其初。[②]心反其初而民性善，民性善而天地阴阳从而包之，[③]则财足；财足而人赡矣，贪鄙忿争不得生焉。由此观之，则仁义不用矣。道德定于天下而民纯朴，则目不营于色，耳不淫于声。坐俳而歌谣，被发而浮游。[④]虽有毛嫱、西施之色，[⑤]不知悦也；《掉羽》《武象》，[⑥]不知乐也，淫泆无别不得生焉。由此观之，礼乐不用也。是故德衰然后仁生，行沮然后义立，[⑦]和失然后声调，[⑧]礼淫然后容饰。[⑨]是故知神明，然后知道德之不足为也。知道德，然后知仁义之不足行也。知仁义，然后知礼乐之不足修也。今背其本而求其末，释其要而索之于详，未可与言至也。[⑩]……

【注释】

①神明：精神明亮。

②初：指人性之初，没有情欲、求知等需求。

③包：包容。

④俳：古代指杂戏、滑稽戏，借指诙谐。这里指嬉笑玩乐。被发：披着头发。浮游：像浮在水面那样游荡。

⑤毛嫱（qiáng）、西施：古代的两个美女。

⑥《掉羽》《武象》：周朝用于祭祀、朝贺的高雅舞蹈。

⑦沮：崩坏。

⑧和：和谐。

⑨容：人的容貌，外在表现。容饰：本是装饰容貌，指规范人的外在表现。

⑩要：要领。详：详细。至：最高，极致。

【译文】

如果天地间的神明能够安定下来，那么人心就能复归到原初淳朴的状态。人心复归到原初淳朴的状态，人的本性变得善良；人的本性变得善良，天地阴阳二气就会把它包容起来，这样财物就能足够满足人们的需要，贪婪狡诈纠纷争斗就不会产生了。这样看来，仁义就用不上了。天下广布流传着道德，人们就会变得极其淳朴，那么人的耳目也不会被音乐美色所诱惑。人们坐着互相游戏高兴唱歌，站起来披散着头发，四处悠然自得地行走。即使看到毛嫱、西施这样的美女，也不会迷恋崇拜；有《掉羽》《武象》这样高雅的舞蹈，也不知道去玩赏，如此男女淫荡没有分别的情况就没有了。这样看来，礼乐也没有什么用处。所以，人的道德衰败了，才会用仁爱挽救；人的行为崩坏了，才提倡正义来挽救；音调杂乱不和谐了，才需要用音律校正；礼仪放纵了，才需要对人的行为举止进行规范。所以人们知道本性的神圣光明，然后就会知道提倡道德是没有必要的。人们懂得道德，然后就会知道提倡仁义是没有必要的。人们懂得了仁义，然后就知道提倡礼乐是没有必要的。现在，人们违背事物的本质却追求细枝末节，抛弃把握要领却探索详细的具体内容，这种人怎么配谈论最高的道理？……

逮至尧之时，十日并出，焦禾稼，杀草木，而民无所食。猰貐、凿齿、九婴、大风、封豨、修蛇，①皆为民害。尧乃使羿诛凿齿于畴华之野，②杀九婴于凶水之上，③缴大风于青丘之泽，④上射十日而下杀猰貐，断修蛇于洞庭，⑤擒封豨于桑林。⑥万民皆喜，置尧以为天子。于是天下广狭险、易远近，始有道里。⑦舜之时，共工振滔洪水，以薄空桑。⑧龙门未开，⑨吕梁未发，⑩江淮通流，四海溟涬。⑪民皆上丘陵，赴树木。舜乃使禹疏三江五湖，辟伊阙，⑫导瀍涧，⑬平通沟陆，流注东海。鸿水漏，⑭九州干，万民皆宁其性，是以称尧舜以为圣。

【注释】

①猰貐(yà yǔ):传说中吃人的怪兽,在昆仑山的弱水里。凿齿:牙很长的怪兽。九婴:传说中有九个头的怪兽。大风:传说中凶猛的大鸟。封豨(xī):很大的野猪。修蛇:很长的大蛇。

②畴华:在南方的大湖。

③凶水:在北方的大河。

④缴(zhuó):系在箭上的绳子。这里用作动词,指用系有绳子的箭射鸟。青丘:在东方的大湖。

⑤洞庭:在南方的大湖,即今洞庭湖。

⑥桑林:地名,商汤求雨的地方。

⑦广狭险、易远近:使狭窄危险变宽广,使远处显得更近。

⑧薄:逼迫。空桑:古代地名。

⑨龙门:山名,传说大禹开通了这座山,引导黄河通过。

⑩吕梁:山名,在山西西部,黄河流经此地,水流湍急。

⑪溟涬(xìng):昏暗不明无边无际。

⑫伊阙:地名,伊水从两山夹对中流过。

⑬瀍(chán)涧:洛水的两条支流。

⑭鸿:通"洪",洪水。漏:泄露。

【译文】

到了尧统治的时代,十个太阳同时挂在天上,庄稼被烤焦了,花草树木被晒死了,人们没有什么可以吃的。猰貐、凿齿、九婴、大风、封豨、修蛇等凶残庞大的怪物,都是伤害人们的天敌。于是,尧派遣后羿在南方的畴华湖杀死凿齿,在北方的凶水河边杀死九婴,在东方的青丘湖杀死大风,把天上的九个太阳射了下来,跳下昆仑山的弱水里杀死了喜欢吃人的怪物猰貐,在洞庭湖里斩断长蛇,在桑林擒获了大野猪。天下万民欢欣鼓舞推举尧做了天子。从此,他使狭窄危险的地方变宽了,使很远的地方容易到达,感觉变近了,这样才有了道路和里程。到了舜统治时,共工搅动滚滚洪水,一直淹到了空桑这个地方。当时龙门山还没有开凿,吕梁山还没有挖通，长江和淮河混流没分开，全国洪水泛滥一片汪洋。人们只好跑上高高的山冈，爬到大树上去。于是，舜派遣大禹把三江五湖打通了，开辟伊阙山，使廛水和涧水能够穿山而过，然后他又整理土地，挖掘沟渠排干洪水，让河流洪水都流入东部的大海。这样洪水就都排泄出去了，九州土地干爽了，人们都安定下来不再担心，所以人们都被尧舜赞颂为圣人。

晚世之时，帝有桀纣。(桀)为璇室、瑶台、象廊、玉床。[1]纣为肉圃、酒池，燎焚天下之财，罢苦万民之力，[2]刳谏者，剔孕妇，[3]攘天下，[4]虐百姓。于是汤乃以革车三百乘，[5]伐桀于南巢，放之夏台。[6]武王甲卒三千，破纣牧野，杀之于宣室。[7]天下宁定，百姓和集，是以称汤武之贤。由此观之，有贤圣之名者，必遭乱世之患也。……

【注释】

①璇、瑶：都是美玉。

②罢(pí)：通"疲"，劳累。

③刳谏者：商纣挖出比干的心。剔孕妇：传说商纣曾经剖开孕妇的肚子观看胎儿的性别。

④攘：抢夺。

⑤革车：包着皮革的兵车。

⑥南巢：地名，今安徽巢县，因位于古代华夏族活动地区的南方，故名。放：流放。夏台：夏王朝监狱，又称钧台，今河南禹州。

⑦牧野：地名，在今河南淇县西南，从朝歌城由内向外，分别称作城、郭、郊、牧、野。宣室：商代的宫殿。

【译文】

到了离现在很近的时代，出了桀、纣两个暴君，夏桀修建了璇室、瑶台、象廊、玉床。商纣设置了肉圃、酒池，并耗尽了天下财物，使百姓筋疲力尽。纣王还挖出比干的心脏，剖开孕妇的胎腹，使天下受到骚扰，百姓受到残害。于是，商汤率三百兵车在南巢讨伐夏桀，最终将夏桀放逐囚禁在夏台。周武王率三千甲卒在牧野征伐纣王，在商朝的宣室宫杀死了纣王。这样天下才得以安定,百姓得以和乐。因此他们都称商汤、武王为贤人。由此可见,有贤圣名声的人,必定遭逢过乱世的祸患。……

凡乱之所由生者,皆在流遁。[1]流遁之所生者五:

大构驾,[2]兴宫室……木巧之饰……以相摧错,此遁于木也。

凿污池之深[3]……来溪谷之流……龙舟鹢首,[4]浮吹以娱,[5]此遁于水也。

高筑城郭,设树险阻,崇台榭之隆,[6]侈苑囿之大。[7]……残高增下,积土为山……此遁于土也。

大钟鼎,美重器……曲成文章,雕琢之饰。……此遁于金也。

煎熬焚炙,调齐和之适,以穷荆吴甘酸之变,焚林而猎,烧燎大木,鼓橐吹埵,[8]以销铜铁。……此遁于火也。

此五者,一足以亡天下矣。

【注释】

①流遁:流荡,逃遁。

②驾:通"架",建筑用的架子,指建设宫殿。

③污池:有污泥的池子,形容深。

④龙舟:龙形的大船。鹢(yì):一种水鸟。鹢首:一种船,船头有鹢鸟头的图案。

⑤浮吹以娱:开船时吹奏乐器取乐。

⑥崇:高耸。隆:高大。

⑦侈:大,广。这里指扩大。苑囿:畜养禽兽的园林。

⑧橐(tuó):鼓风的皮囊,像风箱。埵(duǒ):风箱的出风铁管。

【译文】

动乱之所以产生,都在于放荡荒淫不能自拔,主要表现为下面五种情况:

大规模地搞土木工程,兴建王宫殿宇……在木料上精雕细琢……各种木料相互交错搭建,这就是在木的方面放纵不能自拔。

开凿水池直到挖出污泥为止……从远处的溪谷里把水引来……建造

龙形的大船，船头上雕刻上鹢鸟头，开着船吹奏着乐器取乐，这就是在水的方面放纵不能自拔。

修筑起高大的城墙，设立各种险要的机关和屏障，加高楼台亭榭，扩大蓄养禽兽的园林的面积。……把高处铲平了，填满低处，把土堆积成小山……这就是在土的方面放纵不能自拔。

铸造更大的钟和鼎，把它们装饰得更加华丽……造型纹章千姿百态，图案各不相同，雕刻装饰得更加精致细腻。……这就是在金的方面放纵不能自拔。

煎炸熬煮烧烤食物，调配制作适口的美食，为了穷尽全国各种美味，把树木都砍伐烧了，把里面的猎物都驱赶出来，砍伐大树当作柴火，拉动风箱吹旺火焰熔解冶炼铜铁。……这就是在火的方面放纵不能自拔。

以上五种没有节制的行为，有一条就足以失去整个天下了。

卷九　主术训

人主之术，处无为之事，而行不言之教。清静而不动，一度而不摇。[①]因循而任下，责成而不劳。是故心知规而师傅谕导，[②]口能言而行人称辞，[③]足能行而相者先导，[④]耳能听而执正进谏。[⑤]是故虑无失策，谋无过事。言为文章，行为仪表于天下。进退应时，动静循理。不为丑美好憎，不为赏罚喜怒。名各自名，类各自类。事犹自然，莫出于己。故古之王者，冕而前旒，所以蔽明也；[⑥]黈纩塞耳，所以掩聪。[⑦]天子外屏，[⑧]所以自障。故所理者远，则所在者迩。[⑨]所治者大，则所守者少。夫目妄视则淫，耳妄听则惑，口妄言则乱。夫三关者，不可不慎守也。……

【注释】

①一度：统一法度。

②师傅：教导国君或太子的人，如太师、太傅等。

③行人：《周礼》有叫"行人"的官职，负责礼仪和外交事务。称辞：传达圣意命令。

④相者：赞礼的人，负责引导、司仪工作。

⑤执正：掌握政治事务的人。

⑥冕：古代帝王、诸侯及卿大夫在举行祭祀等大典时所戴的大礼冠，后专指王冠。旒(liú)：古代帝王的礼冠和礼冠前后的玉串。天子十二旒，诸侯九旒。戴冕时，旒垂眼前，所以称"蔽明"。

⑦ 黈(tǒu)：黄色。纩(kuàng)：古时指新丝棉絮。戴冕时，丸状黄绵球丸正好放在耳边，以示不听流言，所以称"掩聪"。

⑧屏：对着门的小墙，屏风，相当于照壁，遮挡视线用。外屏：设在门外的屏风。

⑨在：审查。迩：距离近。

【译文】

君主治理天下讲究方法，应实施无为而治，推行无须说教就能使人明白的原则。君主自身应清静而不浮躁，坚持统一法度而不动摇；顺循自然规律，任用下属，充分发挥群臣百官的作用，使他们各尽其责而自己不必亲自操劳和费心。所以根据上述的原则，君主心里明白，藏有韬略却让国师来晓喻开导，让使者去传达旨意，脚腿灵便却让相者在前面引导，耳朵聪敏却由执政官员来转达百官意见或计谋。这样，君主考虑问题便不会失策，行动计划便不会有过错；言论合理，行为可做天下之表率；进退适合时宜，动静遵循原理；也不会因事物的美丑而产生好恶之情，更不会因赏罚而喜怒于色；事物叫什么名称就随它叫什么名称，事物属什么类别就让它属什么类别；事物是什么样子都是自然而然的，并不是由个人意志所决定的。所以，古代帝王君主，戴的冠冕前面装饰一串珠玉，这是用来遮挡视线的；冠冕两侧垂悬的绵丸球，这是用来堵塞耳朵的；皇帝宫外设立的屏风，这是用来阻隔自己，与臣下保持距离的。因此君主管辖的范围越远，所审察的范围却越近；治理的范围越大，要持守的原则就越少。眼睛乱看则易眩晕，耳朵乱听则易迷惑，嘴巴乱说则易搅乱。这三道关口，平时不可不谨慎把持。

天道玄默，无容无则，①大不可极，深不可测，尚与人化，②知不能得。昔者神农之治天下也，神不驰于胸中，智不出于四域，怀其仁诚之心。甘雨时降，五谷蕃植。春生夏长，秋收冬藏。……当此之时，法宽刑缓，囹圄空虚，③而天下一俗，莫怀奸心。

【注释】

①玄默：幽深沉静，没有声音。容：固定形态。则：规矩。

②尚：经常。

③囹圄（líng yǔ）：监狱。

【译文】

天道幽深沉静没有声音，它没有容貌也没有规则，它大得无法达到极限，深得不能探测到底，常和人一起化育感应，人的才智掌握不了它。从前神农治理天下，精神不在胸中胡乱激荡，智慧不显露在外面，怀抱着仁爱诚实的心。因此，按时降雨，五谷丰收。春天生成，夏天成长，秋天收获，冬天储藏。……那时候，法律宽大刑法轻缓，监狱空荡荡没有罪犯，天下人遵守相同的风俗，没有人怀有奸诈邪恶的心思。

末世之政则不然。上好取而无量，下贪狼而无让，[1]民贫苦而忿争，事力劳而无功。智诈萌兴，盗贼滋彰。上下相怨，号令不行，执政有司不务反道，矫拂其本而事修其末。[2]削薄其德，曾累其刑。[3]……乱乃逾甚。

【注释】

①狼：通“狠”，凶狠。

②矫拂：歪曲、违背。

③曾：增加。

【译文】

而晚世的政治就不是这样了。君主热衷于索取而没有休止，官吏贪婪得不懂得半点谦让；民众因贫困而被迫互相怨恨争夺，费尽辛劳而不得报酬；智巧奸诈从此萌发兴起，盗贼从此滋生泛滥；上上下下互相怨恨，法规号令不能推行实施，执政的官员和管理机构不求返回正道，反而违背根本去修饰末节。君主的恩德被削弱得很稀薄，君主的刑罚却不断累积增多。……于是动乱就更厉害了。

夫水浊则鱼噞，[1]政苛则民乱。……是以上多故则下多诈，上多事则下多态，上烦扰则下不定，上多求则下交争。不直之于本，[2]而事之于末，譬犹扬堁而弭尘，[3]抱薪以救火也。故圣人事省而易治，求寡而易赡。不施而仁，不言而信，不求而得，不为而成。块然保真，[4]抱德推诚。天下从之，如响之应声，景之像形，其所修者本也。刑罚不足以移风，杀戮不足以禁奸，唯神化为贵，至精为神。……

【注释】

①噞(yǎn):鱼儿在水面张口呼吸。

②直:使树立。

③堁(kè):灰尘。弭:消停。

④块然:无动于衷的样子。

【译文】

水浑浊鱼儿游到水面张口呼吸;政令繁杂苛刻,人民就会动乱。……所以,上面的企图多,百姓也就多狡诈;上面要干的事情多,百姓的应对措施也多;上面烦扰人们多,百姓也就不会安定;上面贪婪多欲求,百姓也会争相逐利。不将树干竖立起来却去梳理树梢,就好像用沙土来扑灭尘埃,抱着柴草去灭火。所以,圣人减少琐碎事务就容易治理好天下,欲望淡薄就容易满足自己的需要。他虽然不施舍什么,人们却说他有恩德;他虽然不说什么,人们却认为他有信用;他不追求什么,却得到了一切;他没有什么作为,却取得了成功。他安然不作为只是保持纯真的心性;内心怀抱着大道德行,用诚心对待外部世界。天下人都愿意追随他,就像回声回应他的声音,像影子和身体一样形影不离,因为圣人修养治理的是最根本的事物。光用刑罚还不能改变风俗,光用杀戮也不能禁止奸诈邪恶,只有精神感化才是最宝贵的,人性中最纯粹的无为之道才是神圣的。……

太上神化,其次使不得为非,其次赏贤而罚暴。衡之于左右,无私轻重,故可以为平。绳之于内外,无私曲直,故可以为正。人主之丁用法,无私好憎,故可以为命。……今夫权衡规矩,一定而不易。不为秦、楚变节,[1]不为胡、越改容。[2]常一而不邪,方行而不流。[3]一日刑之,[4]万世传之,而以无为为之。故国有亡主,而世无废道;人有困穷,而理无不通。由此观之,无为者道之宗。故得道之宗,应物无穷。

【注释】

①秦、楚:秦国和楚国,是战国时期两大强国。节:气节。

②胡、越:胡是北方民族,越是南方民族,都远离中原。容:态度。

③方行:正直而行。流:流荡不安定。

④刑:通"型",树立规范。

【译文】

上上之策是精神的感化,其次是让人们不做错误的事情,然后才是奖赏贤人,惩罚暴徒。秤杆对左右两边的事物没私心,轻就是轻,重就是重,所以可以做公平的标准。墨绳测量事物的内部外部,都没有偏私,直就是直,弯就是弯,所以可以做正直的标准。君王制定法律发布命令,不因为自己的喜好和厌恶而有私心,所以他的法令才被遵守。……权衡规矩作为标准是固定的,不会任意改变。不会为了强大的秦楚两国改变自己的节度,不会为了边远的胡越两国就改变形貌。它们恒常、统一没有偏斜,它们正直完整,不会善变流失。一旦形成规范就会传承万代,它们的应用不会为了刻意的目的而改变。所以,国家的君主会死亡,世上的自然规律不会废弃;人们有困难和贫穷的,事理却没有行不通的。这样看来,不刻意作为是自然规律的根本。所以懂得根本的自然规律就能处理无穷的事物了。

任人之才,难以至治。汤、武圣主也,而不能与越人乘干舟而浮于江湖。[①]伊尹,贤相也,而不能与胡人骑騵马而服騊駼。[②]孔、墨博通,而不能与山居者入榛薄险阻也。[③]由此观之,则人知之于物也浅矣。而欲以遍照海内,存万方,不因道之数,而专己之能,则其穷不达矣。故智不足以治天下也。桀之力制觡伸钩,索铁歙金。[④]椎移、大牺,[⑤]水杀鼋鼍,陆捕熊罴。[⑥]然汤革车三百乘,困之鸣条,擒之焦门。[⑦]由此观之,勇力不足以持天下矣。智不足以为治,勇不足以为强,则人材不足任,明也。……

【注释】

①干舟:挖空树干制成的小船。

②骠(yuán):黄色鬃毛白色肚子的骏马。駒駼(táo tú):没有驯服的马。

③榛薄:茂盛的草丛树林。

④制:通“折”,折断。制觡:折断兽类的骨质实心的角。伸钩:把用金属做的钩子拉直。索:揉搓绳子使紧密合股。歙:收敛使紧密。

⑤推移、大牺:夏桀两个骁勇有力的大臣。

⑥鼋(yuán):海里的大鳖。鼍(tuó):鳄鱼。罴(pí):一种高大的熊。

⑦鸣条:鸣条之战所在地,商汤在此打败夏桀的军队。焦门:即巢门,南巢。夏桀被商汤流放在这里。

【译文】

只凭个人的才智,是难以实现天下大治的。汤王、武王都是圣明的君主,但习惯于陆地生活的他们却不能像南方越人那样乘小舟而游泛于江湖。伊尹是贤明的宰相,但生活在中原地方的他却不能像北方胡人那样骑着骏马去驯服野马。孔子、墨子尽管博学多才,却不能像山民那样自由自在出入草莽丛林、高山峻岭。由此看来,人的智能对事物的认知和驾御,是有限的;想以个人的有限智能光照四海、施震海内、保护四方,而不因循道术,只凭一己之能,那么他离走投无路的日子也就不远了。所以,光靠才智难以治理天下。夏桀很有力气,能徒手折断兽类坚实骨角、拉直金属做的钩子、绞铁成索、揉合金块;桀王手下的推移、大牺两个大臣,下水能杀大鳖和鳄鱼、上山能擒熊罴;但是商汤只率兵车三百,就在鸣条把夏桀围起来打败了,流放到焦门。这样看来,光有力气还不能控制天下。可见,智慧不足以治国,勇力不足以逞强,那么个人的才智也不值得依恃,这是明摆着的道理。……

君人之道,其犹零星之尸也,[①]俨然玄默,而吉祥受福。是故得道者不为丑饰,不为伪善。一人被之而不褒,万人蒙之而不褊。[②]是故重为惠若重为暴,[③]则治道通矣。为惠者,尚布施也,无功而厚赏,无劳而高爵,则守职者懈于官,而游居者亟于进矣。[④]为暴者,妄诛也,无罪者而死亡,行直而被刑,则修身者不劝善,而为邪者轻犯上矣。故为惠者生奸，而为暴者生乱，奸乱之俗，亡国之风。

是故明主之治，国有诛者而主无怒焉，朝有赏者而君无与焉。诛者不怨君，罪之所当也；赏者不德上，功之所致也。民知诛赏之来，皆在于身也，故务功修业，不受赣于君。[5]是故朝廷芜而无迹，田野辟而无草。……人主静漠而不躁，百官得修焉。[6]……与其誉尧而毁桀也，不如掩聪明而反修其道也。清静无为，则天与之时。廉俭守节，则地生之财。处愚称德，则圣人为之谋。是故下者万物归之，虚者天下遗之。

【注释】

①零星：星名，又称天田星。古人认为天下万物都由对应的星宿掌管，零星主管庄稼，人们在辰日向东南方祭拜，祈求有好的收成。尸：祭祀时用来扮演神的人。

②褒：宽大。蒙：笼罩。褊（biǎn）：衣服窄小。

③重：重视。

④游居者：游荡不定的人，指四处游说的人。

⑤赣（gòng）：给予。

⑥修：修缮。百官得修：指百官治理得井井有条。

【译文】

治理民众的方法，就应当像祭祀零星时的充当神的人那样：庄重静默、端坐无言，使祭祀的人在不知不觉中吉祥受福。所以，得“道”之君不为丑陋掩饰，不为美善隐藏。一个人承受到君主的恩惠，不会觉得太大；万人分享这种恩惠，也不会觉得太小。因此，君主慎重对待恩惠和慎重对待惩暴，他不轻易施与人恩惠，就像他不轻易对人惩处一样。这样，使他治国之道畅通无阻。因为施行恩惠，就会热衷于施舍给予，以致使无功者得到奖赏，无劳者得到爵位。这样一来，使轻易得到爵位官职的人会玩忽职守、松懈职责，而那些闲居游荡的士人也会极力谋取爵位官职。同样，施行惩暴，就会随意诛杀惩罚，以致使那些无罪者得以屈死，品行端正的人受到惩罚。这样一来，使那些注重自我修行的人不愿再努力为善，而那些行为不轨者反而敢于犯上作乱了。所以轻易广施恩惠容易助长奸邪、轻易施行惩罚容易滋生动乱;而一旦有这种奸邪、动乱,那就离亡国不远了。

所以,英明君主治理天下,不会因为国内有被刑罚诛杀的人而表现愤怒;不会因为朝堂内有被奖赏的人而表现出高兴。这样被刑罚诛杀的人不会怨恨君主,这是他们罪有应得;获得奖赏的人也没有必要感谢君主,这是他们劳动所得,建功带来的。人们了解了受到刑罚诛杀或者得到赏赐,都是因为他们自己的所作所为导致,所以他们都会努力工作并不是因为能获得君主的奖赏。这样一来,朝廷上的官员反而变得稀少,大家都去从事自己的工作,使开辟出来的荒地都无杂草。……君主如同立柱庄重静穆而不躁动,下属百官就能办好各自的政事。……与其赞誉尧帝而诋毁桀王,不如现在就收起所谓的聪明而归返到无为而治之道。奉行清静无为的话,连上天都会赐给时运;推行廉俭守节,连大地都会助育生财的;而君主守朴处愚办事合情合理,就连圣人也会为他出谋献策的。所以说谦卑自居、虚静无为的人,万物都会归附他,天下也会归他所有。

夫人主之听治也,①清明而不暗,虚心而弱志。是故群臣辐凑并进,②无愚智贤不肖,莫不尽其能。于是乃始陈其礼,③建以为基。是乘众势以为车,御众智以为马,虽幽野险涂,④则无由惑矣。……乘众人之智,则天下不足有也;专用其心,则独身不能保也。是故人主覆之以德,不行其智,而因万人之所利。……夫乘众人之智,则无不任也。用众人之力,则无不胜也。千钧之重,乌获不能举也,⑤众人相一,⑥则百人有余力矣。是故任一人之力者,则乌获不足恃;乘众人之智者,则天下不足有也。……是以积力之所举无不胜也,而众智之所为无不成也。……

【注释】

①听治:国君听取意见治理天下。

②辐凑:像车轮的辐条齐聚车轴,形容臣下团结在君主周围。

③陈：陈设。列明各项礼仪制度。

④涂：通“途”，用途。

⑤钧：古代重量单位，三十斤为一钧。乌获：秦武王手下的大力士。

⑥相一：一起做事情。

【译文】

君主治理天下，清明而不昏昧，心胸虚静而心志温和。这样，群臣就会像车辐聚集到车轴一样入朝辅佐君主，不管是愚笨的还是聪明的、贤能的还是不才的，无不各尽其能、各尽其力。达到这种君臣和谐的境界，才能谈得上君臣之礼节，也才能建立起治理天下的基础。于是，君主凭借众人力量作为车，驾驭众人智慧作为马，这样即使是行走在幽暗险要的道路上，也不会使君主迷失方向。……而只凭借个人的智力，就有可能连自己的命都难保。所以，君主用道德来治理天下，而不只运用个人的才智，依顺万民之利益来办事处世。……所以说，凭借利用众人的智慧就没有什么不能成功的；利用借助众人的力量就没有什么不能胜任的。千钧的重量，大力士乌获不能举起来；众人一起用力，那么上百人就够了。所以只用一个人的力量，那么像乌获这样的大力士也不值得去炫耀；而借用众人的智力，那么天下也就小得不够你治理了。……

人主贵正而尚忠，忠正在上位，执正营事，①则谗佞奸邪无由进矣。譬犹方员之不相盖，②而曲直之不相入。夫鸟兽之不可同群者，其类异也。虎鹿之不同游者，力不敌也。是故圣人得志而在上位，谗佞奸邪而欲犯主者，譬犹雀之见鹯，③而鼠之遇狸也，亦必无余命矣。是故人主之一举也，不可不慎也。所任者得其人，则国家治，上下和，群臣亲，百姓附。所任非其人，则国家危，上下乖，群臣怨，百姓乱。故一举而不当，终身伤。

【注释】

①正：从事政治事务。营：谋取。

②盖：覆盖。

③鹯(zhān):鹞类猛禽。亦称“晨风”。

【译文】

君主看重和推崇正直忠诚的人,让他们身处高位,担任要职,执政理事,那么谗佞奸邪之徒就无机会往上爬,这就好像方圆不能相合、曲直不能相入。鸟兽不能同群,是因为它们不是同类;虎鹿不能同游,是因为它们力量不等。所以,圣人受重视处高位,谗佞奸邪之徒如果想要干扰破坏,那就像小鸟碰到鹞鹰、老鼠遇到狸猫一样,必定要丧命的。所以,君主的每一个举动,都不可不慎。如果君主用人得当,那么国家就能治理得好,上下和洽,群臣亲和,百姓归附;如果君主用人不当,那么国家就有危险,上下乖悖,群臣怨恨,百姓动乱。所以,君主一次政策失误,便会终身受害。

卷十 缪称训

道,至高无上,至深无下。平乎准,直乎绳,员乎规,方乎矩,包裹宇宙而无表里,洞同覆载而无所碍。①是故体道者,不哀、不乐,不喜、不怒。其坐无虑,其寝无梦,物来而名,事来而应。

主者国之心,心治则百节皆安,②心扰则百节皆乱。故其心治者,支体相遗也。③其国治者,君臣相忘也。黄帝曰:"芒芒昧昧,从天之道,与元同气。"故至德者,言同略,事同指。④上下一心,无歧道旁见者,⑤遏障之于邪,开道之于善,⑥而民乡方矣。⑦故《易》曰:"同人于野,利涉大川。"⑧

【注释】

①洞同:混沌的样子。覆载:覆盖和承载。

②百节:身体各种关节,比喻社会各种事务。

③支体:肢体。相遗:相安无事。

④略:谋略。指:通"旨",旨意。

⑤歧道:歧途,偏离正道的路。旁见:背离主流的偏见。

⑥遏障:遏制、阻隔。开道:打开通路。

⑦乡(xiàng):通"向",倾向。方:端正,指正道。

⑧"同人于野"二句:语见《周易·同人》卦辞,众人同道方便过河之意。

【译文】

道高到没有顶点,深到没有底部;它比水准平,比墨绳直,比规圆,比矩方;它包容宇宙天地无内外之分,混沌覆载万物没有阻碍。所以领悟"道"体的人能不哀不乐、不喜不怒,坐时无思虑、睡时不做梦,物体来到能叫得出名称,事物发生能应对自如。

君主就像国家的心脏，心脏机能正常，身体的所有关节就都安康；心脏被扰乱了，那么身体的所有关节也都会混乱。所以，心脏安然无恙，肢体之间也就能相安无事。所谓的治理国家，也就是达到君臣相安无事的境界。黄帝说："至德者纯厚广大，能承顺上天的道德，精气能与上天的元气相通。"所以，德行最高的人说的话跟他的谋略是一样的，做事跟他的本意是一致的。君臣上下一条心，没有歪门左道和偏见，能够遏止阻隔邪恶，打通善良的通道，人民都倾向于选择走正道。所以《易》说："把郊野各处的众人团结起来，就有利于顺利渡过大河。"

道者，物之所导也；[①]德者，性之所扶也；[②]仁者，积恩之见证也；义者，比于人心而合于众适者也。[③]故道灭而德用，德衰而仁义生。故上世体道而不德，中世守德而弗坏也，末世绳绳乎唯恐失仁义。[④]君子非仁义无以生，失仁义则失其所以生。小人非嗜欲无以活，失嗜欲则失其所以活。故君子惧失仁义，小人惧失利。观其所惧，知各殊矣。……

【注释】

①导：引领，先导。

②扶：扶助。

③比：靠近，挨着。众适：众人觉得适宜。

④绳绳：走在绳子上那样小心翼翼。

【译文】

道是万物的先导；德是用来扶助人性的；仁是见证积累的恩惠的；义是贴近人心并且与众人认为的适宜相符合。所以道被泯灭就以德来取代，德衰微了就产生了仁义。所以，远古圣人之治是依靠"道"而不靠德，中古圣王之治是谨守"德"而不破坏它。到了末世，则像走在绳子上那样小心翼翼，唯恐丢失了"仁义"。君子没有"仁义"便无法立足，失去了"仁义"也就失去了立足的根基。小人没有偏好欲望就无法活下去，失去了偏好欲望也就失去了他们活着的目的。所以君子害怕失去"仁义"，小人担心失去私利。观察他们害怕什么，就知道君子小人的不同。……

其施厚者其报美，其怨大者其祸深。薄施而厚望，畜怨而无患者，古今未之有也。是故圣人察其所以往，则知其所以来者。圣人之道，犹中衢而致尊邪，[①]过者斟酌，多少不同，各得其所宜。是故得一人，所以得百人也。人以其所愿于上以交其下，谁弗戴！[②]以其所欲于下以事其上，谁弗喜！……

【注释】

①衢：大路，道路四通八达。中衢：大路中央。致：放置。尊：酒樽。

②戴：拥戴。

【译文】

施舍丰厚恩惠的人就会得到美好的回报；造成巨大怨恨的人就会引来深重的灾祸。少给恩惠却想得到丰厚回报，蓄积怨恨却不想引发祸患，这是从古至今都没有的。所以圣人知道自己怎么对待别人，就知道别人怎么回报自己。圣人处事的方法，就像在四通八达的大路中间放好酒樽款待众人，行人根据自己的酒量决定喝多少，有多有少，每个人都能够满足。这样得到一个人的心，推而广之也就能得到一百人的心。如果一个人能用他希望上司对待他的态度来对待下属，哪个下属不会拥戴他呢？如果一个人能用他要求下属对待他的态度来对待自己的上司，哪个上司不喜欢他？……

圣人在上，则民乐其治，在下则民慕其意。[①]……慈父之爱子，非为报也，不可内解于心。圣王之养民，非求用也，性不能已。若火之自热，冰之自寒，夫有何修焉！[②]及恃其力、赖其功者，若失火舟中。……故舜不降席而天下治，[③]桀不下陛而天下乱。[④]盖情甚乎叫呼也。无诸己，求诸人，古今未之闻也。同言而民信，信在言前也；同令而民化，诚在令外也。圣人在上，民迁而化，情以先之也。动于上，不应于下者，情与令殊也。……子之死父也，臣之死君也，世有行之者矣，非出死以要名也，恩心之藏于中，而不能违其难也。……

【注释】

①意：本意，思想。

②修：修炼，修为。

③席：用草或苇子编成的成片的东西，古人用以坐、卧。降席：从席位上走下来。

④陛：帝王宫殿的台阶。

【译文】

圣人在统治地位上，人民乐意接受他的治理；圣人从统治地位上下来，人民也仰慕他的思想和初衷。……仁慈的父亲疼爱儿女不是为了得到他们的报答，而是内心无法抛弃这份情感。圣人君主养护人民不是为了驱使他们，而是本性让他不能不这样做。就像火自然是热的，冰自然是寒的，哪里需要他刻意修为呢？等到需要依靠人民出力、依赖人民建功的时候，就像水中船上失火，大家也会同舟共济，一起救火。……所以舜不用离开席位就能治理好天下；桀还没有走下宫殿的台阶，天下就大乱了。大概是因为用真情感化比大喊大叫更有效。不要求自己做到却苛求别人做到，从古至今没听说过。人民赞同你说的话并诚实守信，是因为你在说话之前就有信用；人民赞同你的命令并接受教化，是因为你在发布命令之外以诚相待。圣人统治时，人民归顺并接受教化，是因为圣人先对百姓动之以真心实意。上面发布命令下面却没有响应，是因为统治者的真实性情和对人民的命令相差很大。……子女替父亲死，臣下替君主牺牲，世代都有这样做的人，他们不是以死换取名利，而是内心藏有感恩之情，所以不怕也不想躲避这种死难。……

圣人为善，非以求名，而名从之。名不与利期，而利归之。……圣人之为治，漠然不见贤焉，终而后知其可大也。……

【译文】

圣人进行善治，不是为了谋求名望，名望却跟从而来。有了名望并不期待获得利禄，但利禄又会自然归于他。……圣人治理天下，好像不关心世事，看不出来有什么贤能，最后才知道这样做的巨大效用。……

积薄为厚，积卑为高，故君子日孳孳以成辉，[①]小人日快快以至辱。[②]其消息也，离朱弗能见也。[③]文王闻善如不及，宿不善如不祥。[④]……君子不谓小善不足为也而舍之，小善积而为大善。不为小不善为无伤也而为之，小不善积而为大不善。是故积羽沉舟，群轻折轴，故君子禁于微。壹快不足以成善，[⑤]积快而为德。壹恨不足以成非，积恨而成怨。故三代之善，[⑥]千岁之积誉也。桀纣之谤，千岁之积毁也。……是故知己者不怨人，知命者不怨天。福由己发，祸由己生。圣人不求誉，不辟诽，[⑦]正身直行，众邪自息。今释正而追曲，倍是而从众，是与俗俪走，而内行无绳，[⑧]故圣人反己而弗由也。……

【注释】

①孳孳：勤勉；努力不懈。

②怏怏：不高兴；不满意。

③消息：此消彼长。离朱：黄帝手下视力极好的人。

④宿：夜，一晚上。

⑤壹快：一次快乐。

⑥三代之善：指夏商周的善治。

⑦辟：避，设法躲开。

⑧俪：相并，对偶。内行：内心的活动。

【译文】

薄能累积成厚，低能累积成高，所以君子每日勤勉不懈取得了荣耀，小人每日不高兴、不满意，最终招来了屈辱。其中的此消彼长，就连视力极好的离朱也看不出来。文王听到别人为善就担心自己赶不上；自己做了不善的事情，留一晚上他都会认为不吉利。……君子不会说小的善行是不值得做的，从而舍弃不做，积累小善能成为大善。君子不会说小的不善是没有危害的，然后就去做，积累小的不善能成为大的不善。所以，羽毛虽轻，积累起来就能压沉大船；货物虽轻，堆积起来就能压断车轴。所以君子防微杜渐，从细微处约束自己。一次令人快乐算不上是“善”，积累令人快乐的善行就能成“德”。一次令人憎恨还不会引来非议，积累令人憎恨的恶行就会引起怨愤。所以三代被称颂善治，是千年累积的赞誉。桀纣被咒骂，也是千年积累的非议。……所以，知道自己的人不抱怨他人，掌握自己命运的人不抱怨上天。福气和灾祸都是自己造成的。圣人不谋求声誉，不躲避他人的非议，端正身体做事正直，众多的奸邪阴谋自然平息。当今的人舍弃正道追求歪门邪道，违背实际情况去迎合众人，混同实际情况和世俗偏见，内心活动没有准绳，因此，圣人会反省自己而不会被世俗挟持。……

天下有至贵，而非势位也；有至富，而非金玉也；有至寿，而非千岁也。原心反性则贵矣，适情知足则富矣，明死生之分则寿矣。言无常是，行无常宜者，小人也。察于一事，通于一伎者，[①]中人也。兼覆盖而并有之，[②]度伎能而裁使之者，圣人也。

【注释】

①伎：通“技”，技巧，才能。

②并有：一并拥有。

【译文】

天底下有最珍贵的东西，但它不是权势和地位；有最大的财富，但它不是指宝石、金子；天下有最长寿的，但它不是指活一千岁。还原人心返回本性就是最珍贵的；适应情势懂得满足就是最富有的；清楚生和死各有各的道理、定数就是最长寿了。说话没准行事反复无常，这是小人。了解一件事情，拥有一种技能，这是中等的人。兼容覆盖一切事物，一并拥有所有才能，并能度量人的才能、然后决定如何运用的人，这才是圣人。

卷十一　齐俗训

率性而行谓之道，得其天性谓之德。性失然后贵仁，道失然后贵义。是故仁义立而道德迁矣，礼乐饰则纯朴散矣，是非形则百姓眩矣，[①]珠玉尊则天下争矣。凡此四者，衰世之造也，末世之用也。

夫礼者，所以别尊卑、异贵贱；义者，所以合君臣、父子、兄弟、夫妻、朋友之际也。今世之为礼者，恭敬而忮；[②]为义者，布施而德。君臣以相非，骨肉以生怨，则失礼义之本也，故构而多责。[③]

【注释】

①眩：迷惑，迷乱。

②忮（zhì）：嫉妒。

③构：构陷。

【译文】

遵循天性做事称为“道”，拥有这种天性叫作“德”。天性失去后才尊崇“仁”；大道失去后才崇尚“义”。所以仁义建立起来就意味着道德已经堕落了；礼乐开始用来装饰就意味着淳朴已经散失了；是非对错的观念形成让百姓迷乱了；珍珠玉石珍贵起来使天下人纷纷争夺。这四种东西产生于衰落的时代，到了末世就广泛使用了。

礼原本是用来区别尊卑、分别贵贱的；义原本是用来协调君臣、父子、兄弟、夫妻、朋友间关系的。现在讲礼节的人，表面上恭恭敬敬，内心却相互嫉妒；从事正义事业的人，施舍他人却是为了得到报答。君臣之间互相非难，骨肉之间互相怨恨，这样就失去了礼义的初衷和意义，所以人们之间相互构陷，多加责备对方。

夫水积则生相食之鱼，土积则生自肉之兽，[①]礼义饰则生伪匿之本。[2]夫吹灰而欲无眯，涉水而欲无濡，不可得也。

古者民童蒙不知东西，[3]貌不羡乎情，而言不溢乎行。[4]其衣暖而无文，其兵铢而无刃，[5]其歌乐而无转，其哭哀而无声。凿井而饮，耕田而食，无所施其美，亦不求得。亲戚不相毁誉，朋友不相怨德。

及至礼义之生，货财之贵，而诈伪萌兴，非誉相纷，怨德并行，于是乃有曾参、孝己之美，[6]而生盗跖、庄蹻之邪。[7]……

【注释】

①自肉之兽：相互捕食的野兽。

②慝（tè）：通"慝"，阴险奸恶。

③童：未长成的。蒙：没有知识。

④羡：有余，余剩。溢：多出，过分。

⑤铢：不锋利。

⑥曾参：孔子弟子，以修身和孝行著称。孝己：商朝高宗之子，以孝行著称。

⑦盗跖：春秋末期的盗贼领袖。《庄子》有《盗跖》篇。庄蹻：战国时楚国大盗。这里泛指盗贼。

【译文】

水积攒多了就产生了相互吞食的鱼；土堆积起来就会产生相互捕食的野兽；礼义的制定和施行则会产生伪善和阴险恶行。尘土飞扬却不想眯眼，过河涉水却不想打湿脚，这不可能实现。

远古时代，人们还没有生成知识，分不清"东南西北"，他们的神情不会超过情感表达的需要，说话不会超出他们能做到的。他们衣着朴素只求保暖，兵器不锋利甚至没开刃，歌声快乐而不刻意婉转，哭声悲哀而不追求腔调。人们挖井取水喝，耕地种田获得食物，人们不馈赠华而不实的东西，也不追求什么回报。亲戚之间不相互诋毁，也不相互赞誉，朋友之间不相互嫉恨，也不相互感恩。

一到礼义产生，有了货物财产的价值观念后，欺诈伪善就产生了，诋毁赞誉就纷纷兴起，怨恨感恩就结伴而行了，于是就有了曾参和孝己代表的美德，也产生了盗跖和庄蹻代表的邪恶。

虾蟆为鹑，[①]水蚕为蟌，[②]皆生非其类，唯圣人知其化。夫胡人见黂，[③]不知其可以为布也。越人见毳，不知其可以为旃也。[④]故不通于物者，难与言化。昔太公望、周公旦受封而相见，[⑤]太公望问周公曰："何以治鲁？"周公曰："尊尊亲亲。"太公曰："鲁从此弱矣。"周公问太公曰："何以治齐？"太公曰："举贤而上功。"周公曰："后世必有劫杀之君。"其后齐日以大，至于霸，二十四世而田氏代之。[⑥]鲁日以削，至三十二世而亡。故《易》曰："履霜坚冰至。"[⑦]圣人之见终始微言。故糟丘生乎象箸，[⑧]炮烙生乎热斗。[⑨]子路撜溺而受牛谢，[⑩]孔子曰："鲁国必好救人于患。"子赣赎人而不受金于府，[⑪]孔子曰："鲁国不复赎人矣。"子路受而劝德，子赣让而止善。孔子之明，以小知大，以近知远，通于论者也。……

【注释】

①虾蟆：同蛤蟆、青蛙和蟾蜍。鹑：一种鸟。古人以为老虾蟆会变成鹑。

②水蚕(chài)：蜻蜓的幼虫。蟌(cōng)：细长且软弱的飞行昆虫，类似小型的蜻蜓。

③黂(fēn)：粗麻。

④毳(cuì)：细毛。旃：通"毡"，毡子。

⑤太公望：即姜太公，被周朝封为齐国始祖。周公旦：周武王弟，被封于鲁国。

⑥田氏：指田成子。齐简公四年，杀简公，任相国专政，其子孙后来取代姜姓做了齐国国君。

⑦出自《周易·坤》卦。

⑧糟丘：酒渣堆成山丘。糟，酿酒的渣滓。箸：竹筷。

⑨热斗：一种火热的斗。据说纣受此斗可以烫坏人手的启发，制作了

炮烙之刑。

⑩子路：孔子弟子，有勇力。撜（zhěng）溺：拯救溺水者。撜，通“拯”，拯救。

⑪子赣：即子贡，孔子弟子。赎人：花钱买回人。

【译文】

蛤蟆变鹌鸟，水蚤变蜻蜓，这是不同类之间的变化，只有圣人知道这之间变化的道理。胡人看到粗麻，不知道用它来织布。越人看见细毛，不知道用它制作毛毡。所以，不能通晓事物性质的人，就无法和他谈论演变的关系。以前姜太公吕望、周公姬旦分别受封后见了面，姜太公问周公说：“你打算怎么治理鲁国？”周公说：“尊敬高贵的人和长辈，亲近和爱护亲人。”姜太公说：“鲁国将从此衰落。”周公问姜太公：“你打算怎么治理齐国？”姜太公说：“举荐选拔贤能的人，崇尚功绩。”周公说：“齐国后代肯定会有被篡权弑杀的君主。”后来，齐国一天比一天强大，成就了霸业，王位传到第二十四代被田氏取代。鲁国一天比一天衰落，王位传了三十二代，国家也灭亡了。所以《易经》上说：“踩在深秋的薄霜上，就知道结硬冰的寒冬就快到了。”圣人就是能从开头细微的迹象预见到事物发展的结果。所以，酒糟堆积成山肇始于用象牙为筷，炮烙之刑肇始于用热斗烙人。子路救起溺水者而接受主人答谢的牛，孔子对此事评论说：“鲁国一定会兴起助人为乐的好风气。”子赣用钱财赎救出奴隶而不接受官府的钱财，孔子对此事评论说：“鲁国再也不会有自己掏钱财来赎救人的事了。”子路接受谢礼而能鼓励人们修养善德，子赣推辞赏钱却停止了人们行善。孔子之所以伟大，是能从小处看到大处，从近处看到远处，在这个意义上说，孔子真是一位通晓事理的圣人。……

愚者有所修，智者有所不足。柱不可以摘齿，①筐不可以持屋，②马不可以服重，牛不可以追速，铅不可以为刀，铜不可以为弩，铁不可以为舟，木不可以为釜。各用之于其所适，施之于其所宜，即万物一齐，而无由相过。夫明镜便于照形，其于以函食不如箪。③牺牛粹毛，宜于庙牲，④其于以致雨，不若黑蜧。⑤由此观之，物无贵贱，因其所贵而贵之，物无不贵也；因其所贱而贱之，物无不贱也。……

【注释】

①摘：取出，通“剔”。

②筐：草棍。

③函：包含，容纳。箪（dān）：古代盛饭的圆竹器。

④牺牛：古代祭祀用的纯色牛。粹毛：纯洁的毛色。庙牲：宗庙祭祀用的牲畜。

⑤黑蜧（lì）：传说中的神蛇。高诱注：“潜於神渊，能兴云雨。”

【译文】

愚人有他的优势，智者也有他的不足。木柱不能剔牙，草棍不能支撑房屋，马不能背负重物，牛不能追求跑得快，铅无法制成锋利的刀，铜无法制成弓弩，铁不能造船，木头不适合做锅。事物各有它所适宜的范围，只有将它们放在适宜的地方，才能发挥它们的有用性，各种事物都这样齐备了，也就不会相互错乱了。明亮的镜子用来照人的形体是合适的，但要是装食物它就不如竹质的箪盒了。毛色纯正的公牛，适合在祭祀的时候用作祭品，但要是求雨它就不如能呼风唤雨的神蛇了。这样看来，事物本身没有贵贱之分，把它用在能发挥其价值的地方，从它的有用性角度看，各种事物都是贵重的；把它用在不能发挥其价值的地方，从它的无用性角度看，各种事物都是卑贱的。……

尧之治天下也，舜为司徒，①契为司马，②禹为司空，③后稷为大田师，④奚仲为工。⑤其导万民也，水处者渔，山处者木，谷处者牧，陆处者农。地宜其事，事宜其械，械宜其用，用宜其人。泽皋织网，⑥陵阪耕田，得以所有易所无，以所工易所拙。是故离叛者寡，而听从者众。譬若播棋丸于地，⑦员者走泽，方者处高，各从其所安，夫有何上下焉？……是故邻国相望，鸡狗之音相闻，而足迹不接诸侯之境，车轨不结千里之外者，皆各得其所安。

【注释】

①司徒：地官，掌管土地和教化人民。

②契：传说他是商朝的始祖，其生母简狄吞食燕子的卵而生契，是尧的弟弟。司马：武官，掌管军事和军赋。

③司空：官名，掌水利、营建之事。

④后稷：传说中周朝的始祖，又名弃，其母姜嫄因踩了巨人的脚印而生后稷。大田师：官名，掌管农业耕种技术。

⑤奚仲：人名，传说是车的发明者，被尊为车神。工：即工正，工师，为掌管百工及手工业之官。

⑥皋（gāo）：沼泽，湖泊。

⑦播：撒种子，播种。棋丸：棋子。

【译文】

尧治理天下，任命舜担任司徒，掌管土地和教化人民；契担任司马，掌管军事；禹担任司空，掌管水利和建筑工程；后稷担任大田师，指导人民耕种；奚仲担任工师，引导人民从事手工业。他们领导人民因地制宜，住在水边的就从事打鱼，住在山里的就靠伐木生活，住在山谷草原的就从事放牧，住在平原田野的就从事农业耕种。根据不同的土地情况从事不同的行业，根据不同的行业制作合适的器械，不同的器械有不同的用法，不同器械的用法又由合适的人来操作。在湖泊水边张网捕鱼，在丘陵山坡上开垦田地耕种，这样就能用自己所有的物品去换回自己所没有的物品，用自己能够生产的物品去换回自己不会生产的物品。这样，很少有人叛离，更多的人会服从。这就像把棋子撒播在地上，圆的滚到低洼处，方的留在高处，它们各自有了自己的适宜安稳归宿，哪有什么高低贵贱的分别？……所以，即使相邻国家的人相互看得见，两国的鸡犬鸣叫也能相互听见，但是人们并不会踏上邻国的边境土地，人们也不会驾驶车辆奔波在千里之外，这是因为他们各自获得了安适的生活。

故乱国若盛，治国若虚，亡国若不足，存国若有余。虚者非无人也，皆守其职也。盛者非多人也，皆徼于末也。[①]有余者非多财也，欲节事寡也。不足者非无货也，民躁而费多也。故先王之法籍非所作也，②其所因也。其禁诛非所为也，其所守也。

【注释】

①徼(yāo)：贪求不止。末：古代社会重农抑商，末在这里指商业交易。

②法籍：载有法令制度的典籍。

【译文】

所以动乱的国家看起来兴盛，治理良好的国家看起来空虚，将灭亡的国家总感不足，长存的国家总觉得有余。空虚不是因为没有人，而是人们都各守其职、安守本分。看起来兴盛的国家不是因为人多，而是人们都热衷于商业交易、争取私利。国家有剩余不是因为财富多，而是人们节制欲望谋取利益的行为少。国家不足并不是没有财富货物，而是人们狂躁牟利耗费太多。所以先王实行的规章制度，不是他们主观刻意制定的，而是根据事物的自然规律行事。先王发布禁令和制定惩罚措施，也不是任意编造的，而是在严格遵守某种客观实际而设定的。

凡治物者，不以物，以睦；①治睦者，不以睦，以人；治人者不以人，以君；治君者不以君，以欲；治欲者不以欲，以性；治性者不以性，以德；治德者不以德，以道。原人之性，芜秽而不得清明者，②物或堁也。③

【注释】

①睦：通"陆"，土地。

②芜秽：冗杂；杂乱。

③堁(kè)：土堆，尘埃；做动词，扬起尘埃。

【译文】

凡是使事物发展有条理的，并不在于事物本身，而在于承载它们的土地；使土地治理得井井有条的，不在于土地本身，而是人为的；使人民得到治理安定生活的，并不是人民自己，而是因为君主的领导；使君主得到约束尽职尽责的，不是依靠君主自己，而是掌握了他的欲望；控制他的欲望，不是依靠欲望本身，而是要使他修养本性；修养本性，不能靠本性自我发展，在于用“德”的标准引导；培养高尚的德行，不是靠德行本身，而是要遵循自然之道。要还原人的自然本性，现在人的性情之所以杂乱肮脏，不再清洁光明，就是因为被外物像扬起的尘埃那样蒙蔽了自然本性。

羌、氐、僰、翟，[①]婴儿生皆同声，及其长也，虽重象狄騠，[②]不能通其言，教俗殊也。今三月婴儿，生而徙国，则不能知其故俗。由此观之，衣服礼俗者，非人之性也，所受于外也。夫竹之性浮，残以为牒，[③]束而投之水则沉，失其体也。金之性沉，托之于舟上则浮，势有所支也。夫素之质白，染之以涅则黑。[④]缣之性黄，[⑤]染之以丹则赤。人之性无邪，久湛于俗则易。[⑥]易而忘本，合于若性。故日月欲明，浮云盖之；河水欲清，沙石濊之；人性欲平，嗜欲害之。惟圣人能遗物而反己。

【注释】

①羌(qiāng)：华夏西部的少数民族，在今四川境内，因牧羊得名。氐(dī)：我国古代西部的少数民族，处陕甘川交边地区。僰(bó)：中国古代西南地区少数民族名，在今川滇一带。翟(dí)：通“狄”。古代北方狄族部落。

②象、狄騠(tí)：狄騠，即狄鞮。古代翻译华夏民族之外语言的人。《礼·王制》：“五方之民，言语不通，嗜欲不同。达其志，通其欲，东方曰寄，南方曰象，西方曰狄騠，北方曰译。”

③牒：薄木片，指竹片，用来编成册做文书用。

④素：白色丝绢。涅：黑色染料。

⑤缣(jiān)：双经双纬的粗厚织物之古称。

⑥湛：沉溺、沉湎。

【译文】

西方从北到南的羌、氐、僰、翟等民族，他们的婴儿出生时发出的声音是一样的，他们长大成人后，就是经过象、狄鞮这样精通翻译的人，反复翻译也不能通晓他们的语言了，这是因为这些民族采取的教化和习俗非常不同。现在三个月大的婴儿，如果一生下来就迁移到他国，也不会知道他故乡的习俗了。这样看来，衣服风格、礼教习俗不同，这不是人的本性的表现，而是因为外在环境的影响导致的。竹子本来是能够漂浮在水面的，如果把它削成薄片，然后捆着一起扔到水里，它就会沉没，这是因为它失去了本来的属性。金属本来是会沉到水底的，但把它放在船上就能漂浮在水面了，这是它的状态有所依托的缘故。素绢本质是白色的，但用涅这种黑色染料一染就变黑了。本来是黄色的粗厚织物，用朱砂一染也就变成红色了。人的天性本来是不邪恶的，但是长期沉湎于世间俗务也就会改变。一旦改变就忘了本性，改变后的性情看起来倒像是它的本性了。所以，日月想要发出光芒，但浮云却会遮蔽它；河水想要变清澈，沙石尘埃却搅浑它；人的本性是希望平安清净的，但偏好和欲望却损害它。只有像圣人那样抛开外物的干扰，反省自己才能保持本性。

卷十二　道应训

太清问于无穷曰：[①]“子知道乎？”无穷曰：“吾弗知也。”

又问于无为曰：“子知道乎？”无为曰：“吾知道。”“子之知道亦有数乎？”[②]无为曰：“吾知道有数。”曰：“其数奈何？”无为曰：“吾知道之可以弱，可以强；可以柔，可以刚；可以阴，可以阳；可以窈，可以明；可以包裹天地，可以应待无方。[③]此吾所以知道之数也。”

太清又问于无始曰：“乡者吾问道于无穷，曰‘吾弗知之’。又问于无为，无为曰‘吾知道’。曰：‘子之知道亦有数乎？’无为曰：‘吾知道有数。’曰：‘其数奈何？’无为曰：‘吾知道之可以弱，可以强；可以柔，可以刚；可以阴，可以阳；可以窈，可以明；可以包裹天地，可以应待无方。吾所以知道之数也。’若是则无为知，与无穷之弗知，孰是孰非？”

无始曰：“弗知之深而知之浅，弗知内而知之外，弗知精而知之粗。”

太清仰而叹曰：“然则不知乃知邪？知乃不知邪？孰知知之为弗知，弗知之为知邪？”

无始曰：“道不可闻，闻而非也。道不可见，见而非也。道不可言，言而非也。孰知形形之不形者乎？”

故《老子》曰：“天下皆知善之为善，斯不善也。”[④]故知者不言，言者不知也。

【注释】

①太清、无穷，以及下文的无为、无始，都是拟人化的某种宇宙形态，例如，无始是喻指宇宙尚未开始的时候。本段见于《庄子·知北游》。

②数：定数，固定形态。

③无方：一切种类。

④"天下皆知"二句：语见《老子》第二章。原文："皆知善之为善，斯不善矣。"

【译文】

太清问无穷："你知道'道'吗？"无穷说："我不知道'道'。"

太清又问无为："你知道'道'吗？"无为说："我知道'道'。""你所知道的'道'有定数？"无为说："我知道的'道'有定数。"太清问："是什么样的属性呢？"无为说："我知道的'道'可弱可强；可柔可刚；可阴可阳；可以变得幽暗，也可以变得光明；它可以包裹天地，也可以应对一切。这就是我所知道的'道'的定数。"

太清又问无始："以前我问无穷关于'道'的问题，无穷说'我不知道"道"'。太清又问无为，无为说'我知道"道"'。我问：'你所知道的"道"有定数吗？'无为说：'我知道的"道"有定数。'我问：'是什么样的定数？'无为说：'我知道的"道"可弱可强；可柔可刚；可阴可阳；可以变得幽暗，也可以变得光明；它可以包裹天地，也可以应对一切。'这样看来，无为知道'道'，而无穷不知道'道'，它们谁对谁错？"

无始说："说不知道的恰恰说明他知道的深奥，说知道的恰恰说明他知道的肤浅；说不知道的恰恰说明他知道了它的实质，说知道的恰恰说明他只知道它的外表；说不知道的恰恰说明他知道了它的精粹，说知道的恰恰说明他只知道它的大概。"

太清抬头叹息说："那么，不知道才能知道吗？知道了反而是不知道吗？谁知道知道'道'的是不知道，不知道'道'的却知道呢？"

无始说："道不可能听到，能听到的就不是道；道不可能看见，能看见的就不是道；道不可能言说，能说出来的就不是道。谁知道那生成万物形体的是无形的'道'呢？"

所以《老子》说："天下都知道'善'为什么'善'时，那么就显不出'善'来，就无所谓'善'了。"所以智慧的人不会说教，喜欢高谈阔论的人往往并没有多少真知。

白公问于孔子曰：[①]“人可以微言？”[②]孔子不应。白公曰：“若以石投水中，何如？”曰：“吴越之善没者能取之矣。”[③]曰：“若以水投水，何如？”孔子曰：“菑渑之水合，易牙尝而知之。”[④]白公曰：“然则人固不可与微言乎？”孔子曰：“何谓不可，唯知言之谓者乎！”夫知言之谓者，不以言言也。争鱼者濡，逐兽者趋，非乐之也。故至言去言，至为无为，夫浅知之所争者末矣。白公不得也，故死于浴室。故《老子》曰：“言有宗，事有君，夫唯无知，是以不吾知也。”白公之谓也。……

【注释】

①白公：白公胜，又名熊胜，春秋末期楚平王的嫡孙，他的父亲太子建，受费无极谗言，出奔郑，被郑人杀害。楚国令尹子西召胜回国，封在白地。白公欲与子西、司马子期伐郑，以报父仇。此时晋人伐郑，子西、子期率师救郑，白公很生气，想杀二人。白公问孔子，就是关于这件事。

②微言：小声说话，指密谋。

③没：浸入，指潜水。

④菑、渑：都是河流。易牙：齐桓公的厨师，善调味。

【译文】

白公胜问孔子：“我可以和别人密谋吗？”孔子不回应。白公胜说：“就好像把石头沉入水底，你看怎么样？”孔子说：“像吴国和越国善于潜水的人，还能把它捞起来。”白公胜说：“就像把水倒入水中消融于无形，怎么样？”孔子说：“把菑水和渑水混合，善于调味的易牙一尝就能分清楚。”白公胜说：“我难道就不能与别人密谋吗？”孔子说：“为什么不可以？只可与那些能明白你说话意思的人进行密谋。”所谓能明白你说话的意思，你不用说话，他也明白你想要说的。捕鱼的人会湿透衣服，追捕野兽的人需要快跑，他们不是乐意这样，而是自然而然的。所以最高妙的话不用说出来，最应该做的行为不用表现出来，见识短浅的人才会追逐细枝末节的形式。白公胜没有领悟这个道理，所以失败后死在了浴室里。所以《老子》说：“言论有宗旨，行事有根据，只是人们不了解这点，所以才不理解我说的道理。”白公胜就是这样的人。……

啮缺问道于被衣，[①]被衣曰：“正女形，壹女视，天和将至。[②]摄女知，正女度，神将来舍。[③]德将来附若美，[④]而道将为女居。纯乎若新生之犊，而无求其故。”[⑤]言未卒，啮缺继以雠夷。[⑥]被衣行歌而去，[⑦]曰：“形若槁骸，心如死灰，直实不知以故自持。墨墨恢恢，[⑧]无心可与谋，彼何人哉？”故《老子》曰：“明白四达，能无以知乎？”

【注释】

①啮缺、被衣：名字怪异，而在庄子笔下却都是上古有名的贤者。被衣是啮缺老师的老师。

②女：通“汝”，你。壹：专一。天和：天然和气。

③摄：保养。度：揣摩，即心思顾虑。舍：居住的地方，指心脏，它是精神的居舍。

④附若美：附着增加你的美好。

⑤故：世故。

⑥雠夷：目光呆滞说不出话。

⑦行歌：唱着歌行走。

⑧墨墨恢恢：混沌恢宏，没有心机。

【译文】

啮缺向被衣问“道”，被衣说：“使你的形体端正，使你的眼光专一，这样天然和气将降临。使你的智慧保养起来，使你心思顾虑端正，神明就会留宿在你心中。“德”会使你显得更加美好，“道”将会为你留居下来。你将淳朴得像新生的牛犊，不会探求人间的世故。”被衣的话还没说完，啮缺还是像先前那样显得目光呆滞说不出话来。被衣唱着歌离去，说：“形体像枯木骨头，心像燃烧完的灰烬；正直诚实不知道依仗世故；看上去混混沌沌毫无心机，不能与他谋议什么，那是什么样的人啊！”所以《老子》说：“明白通达四方之内的各种事理，能说是没有心智的吗？”

赵襄子攻翟而胜之,①取尤人、终人。②使者来谒之,③襄子方将食,而有忧色。左右曰:"一朝而两城下,此人之所喜也,今君有忧色,何也?"襄子曰:"江河之大也,不过三日。飘风暴雨、日中不须臾。今赵氏之德行无所积,今一朝两城下,亡其及我乎!"孔子闻之曰:"赵氏其昌乎!"夫忧所以为昌也,而喜所以为亡也。胜非其难者也,持之者其难也。贤主以此持胜,故其福及后世。齐、楚、吴、越,皆尝胜矣,然而卒取亡焉,不通乎持胜也。唯有道之主能持胜。孔子劲杓国门之关,④而不肯以力闻;墨子为守攻,公输般服,而不肯以兵知。善持胜者,以强为弱。故《老子》曰:"道冲,而用之又弗盈也。"

【注释】

①赵襄子:嬴姓,名无恤,战国时赵国创始人。其母为翟人婢女,赵简子废太子伯鲁,立无恤为太子。翟:通"狄",古代北方少数民族。

②尤人、终人:翟人的两个城镇。

③谒:拜见,陈述汇报。

④劲:使劲。杓:拉开。关:门闩。闩门的横木。

【译文】

赵襄子进攻北方的翟国获胜,取得翟国的尤人、终人两个城镇。军队的使者来拜见汇报,赵襄子刚要吃饭,听了汇报后露出忧虑的神色。左右侍臣说:"一个早上就攻下两座城镇,这是人们所高兴的事。您却面露忧虑,这是为什么?"赵襄子说:"长江黄河发洪水,过不了三天就消退了。狂风暴雨、烈日当顶也都是片刻的现象。如今我们赵氏没有积累什么德行,现在一早上就攻下两座城池,我家的衰亡就要来了吗?"孔子听到后说:"赵氏将要昌盛了!"忧患意识会带来繁荣昌盛,沾沾自喜会导致衰亡。取得胜利并不难,难的是如何保持胜利。贤明的君主用忧患意识保持常胜不败,所以胜利果实能一代代传下去。春秋时齐、楚、吴、越,都曾经战胜其他诸侯称霸,但是最后都灭亡了,就是因为君主不懂得如何保持胜利的道理。君主只有明白这其中的"道"才能够保持胜利。孔子的力气大得可以拉开城池的门闩,但他却不愿依靠力气大扬名;墨子善于防御敌人攻城,连善于制造攻城器械的公输班都认输,他却不肯依靠懂得军事出名。所以善于保持胜利的人,尽管实力强大却表现得柔弱。所以《老子》说:“道空虚,用起来却是无穷无尽的。”

惠孟见宋康王,①蹀足謦欬疾言曰:②“寡人所说者勇有功也,不说为仁义者也,③客将何以教寡人?”惠孟对曰:“臣有道于此,人虽勇,刺之不入;虽巧有力,击之不中,大王独无意邪?”宋王曰:“善。此寡人之所欲闻也。”惠孟曰:“夫刺之而不入,击之而不中,此犹辱也。臣有道于此,使人虽有勇弗敢刺,虽有力不敢击。夫不敢刺,不敢击,非无其意也。臣有道于此,使人本无其意也。夫无其意,未有爱利之心也。臣有道于此,使天下丈夫女子莫不欢然皆欲爱利之心。此其贤于勇有力也,四累之上也,大王独无意邪?”宋王曰:“此寡人所欲得也。”惠孟对曰:“孔、墨是已。孔丘、墨翟无地而为君,无官而为长。天下丈夫女子莫不延颈举踵而愿安利之者。④今大王万乘之主也,诚有其志,则四境之内皆得其利矣。贤于孔、墨也远矣。”宋王无以应。惠孟出,宋王谓左右曰:“辩矣,客之以说胜寡人也。”故《老子》曰:“勇于不敢则活。”由此观之,大勇反为不勇耳。……

【注释】

①惠孟:战国时宋人。宋康王:战国时宋国君,名偃,史载“面有神光,力能屈伸铁钩”,公元前329至前286年在位,穷兵黩武四处征伐,后被齐国灭国。

②蹀(dié):顿足,使劲踩脚。謦欬(qǐng kài):咳嗽。

③说:通“悦”,高兴。

④延颈:脖子往前伸。举踵:脚跟抬起来。

【译文】

惠孟去拜见宋康王,宋康王使劲一踩脚,咳嗽着大声嚷道:“我喜欢依靠勇力建功立业,不喜欢什么仁义道德,你有什么可以教我的?”惠盂回答说:“臣这里有种道行,别人虽然勇猛,却刺不进你的身体;虽然灵巧有力量,却没办法击中你,大王难道不想掌握这种道行吗?”宋康王说:“好!这正是我想要听的。”惠孟说:“别人刺你刺不进你的身体,攻击你却击不中你,但这种刺击还是侮辱了你。臣这里有种道行,再骁勇的人不敢刺你,再有力的人不敢击打你。但不敢刺你,不敢击打你,不等于他没有这种想刺击你的意图。臣这里有种道行,能够让人没有刺击你的意图。刺击你的意图,但他们还没有爱戴和为你着想的想法。臣这里还有一种道行,能够使天下的男的女的没有不高高兴兴,都争着去爱戴你,为你着想。这些都比你自己勇敢有力气要更好,上面的这四种道行,大王难道不想拥有吗?”宋康王说:“这些正是我想要得到的。”惠孟回答说:“孔子、墨子就是这样的。孔子和墨子虽然没有属于自己的领地,但却被尊奉为君子,他们没有官职,人民却把他们当作长官看待。天下所有的男的女的,没有不伸长脖子抬起脚跟,争先恐后地想让他们平安、受益。现在大王您是大国的君主,如果你真有孔子、墨子那样的想法,那么全国的人们都能获得好处。这样你就远比孔子、墨子更贤能了。”宋康王无话回答。惠孟走后,宋康王对身边的人说:“狡辩!这位客人只是靠口舌之利赢了我而已。”所以《老子》说:“勇于不敢(做什么),就能活得好。”这样看来,真正伟大的勇敢表现为不依恃自己的勇力。……

鲁国之法:鲁人为人妾于诸侯,①有能赎之者,取金于府。②子赣赎鲁人于诸侯,③来而辞不受金。孔子曰:“赐失之矣!夫圣人之举事也,可以移风易俗,而教顺可施后世,④非独以适身之行也。今国之富者寡,而贫者众,赎而受金,则为不廉,不受金,则不复赎人。自今以来,鲁人不复赎人于诸侯矣。”孔子亦可谓知礼矣。故《老子》曰:“见小曰明。”

【注释】

①妾:被罚为奴隶的女子,这里泛指奴隶。

②府：府库，国家储藏财物的地方。

③子赣：子贡，姓端木，名赐，孔子的弟子。

④教顺：教导、顺服。

【译文】

鲁国有条法律规定：鲁国人有在他国做奴隶的，如果有人能够赎买回来，可以到国家府库领取赎买金。子贡从其他诸侯国赎回了鲁国人，回国后却拒绝到府库领取赎金。孔子说："端木赐（子贡）这样做就错了。圣人做事，能够起到移风易俗的作用，他的行为所起的教化作用能够影响到后世，令人信服，并不是自己觉得心安理得就行了。现在鲁国富有的人很少，穷苦的人众多，如果我们赎回国人而接受国家的赎金，别人就会说不廉洁，但如果大家都不接受国家的赎金，以后谁还会去赎人呢？从此以后，鲁国不会再有从其他诸侯国那里赎回奴隶的人了。"孔子也可以说真是懂得法度章纪实行的结果了。所以《老子》说："以小见大，叫作明。"

魏武侯问于李克曰：[1]"吴之所以亡者何也？"李克对曰："数战而数胜。"武侯曰："数战数胜，国之福，其独以亡，何故也？"对曰："数战则民罢，数胜则主憍，以憍主使罢民，[2]而国不亡者，天下鲜矣。憍则恣，恣则极物；[3]罢则怨，怨则极虑。上下俱极，吴之亡犹晚矣！夫差之所以自刭于干遂也。"[4]故《老子》曰："功成名遂身退，天之道也。"……

【注释】

①魏武侯：战国初期魏国国君，中原霸主，公元前396至前370年在位。李克：即李悝，战国时法家代表人物。

②憍（jiāo）：古同骄傲的"骄"，骄狂。罢：通"疲"，疲劳。

③极物：穷尽事物的功用，达到极限。

④干遂：战国吴地名，吴王夫差被越国打败，在此自杀。

【译文】

魏武侯问李克："吴国因为什么导致灭亡的？"李克回答说："屡战屡

胜。”武侯问：“屡战屡胜，这是国家的福气，吴国偏偏为此而灭亡，这又是什么原因呢？”李克解释说：“经常打仗，百姓必然感到疲惫不堪；而屡战屡胜必然导致君主越发骄狂；让骄狂的君主去指挥役使疲惫的百姓，不亡国这样的事情是很少见的。君主骄狂就会任意胡为，任意胡为就会穷奢极欲；百姓疲惫就会产生怨恨，怨恨多了就会去动足脑筋谋求摆脱疲惫痛苦，以致会用到谋反的手段。这样上下都用极端的态度相向，吴国现在才灭亡已经算晚的了。吴王夫差就是因为这个才败在越王勾践手下，在干遂自杀身亡的。所以《老子》说：“完成功业取得声名就该引身告退，这才符合天之道。”

卷十三　氾论训

古者有鍪而绻领，[①]以王天下者矣。其德生而不辱，予而不夺。天下不非其服，同怀其德。当此之时，阴阳和平，风雨时节，万物蕃息。乌鹊之巢可俯而探也，禽兽可羁而从也，岂必褒衣博带，句襟委章甫哉！[②]

【注释】

①鍪（mòu）：古代打仗时戴的头盔。绻（quǎn）领：像现在衣服的翻领。

②褒：宽大的衣襟。博：广大。褒衣博带：穿着宽大的衣服和衣带。句（gōu）襟：圆领的衣服。委：周代人戴的礼帽。章甫：商代的一种冠，后指儒者之冠。

【译文】

远古时代君主戴着战士的头盔，穿着翻卷有褶皱的衣服，衣冠粗陋不整，却能够治理好天下。他的德政使百姓生活得好且有尊严，他给予百姓财富而不聚敛民财，所以天下也无人来讥笑非议他的服饰，却感怀他的恩德纷纷归附。在那个时代，阴阳二气平和，风调雨顺，万物繁衍生息，乌鸦喜鹊将巢穴筑在俯首可得的低处，禽兽驯服得只需用绳系着就可牵走，一切朴实自然，人们何须穿宽衣大带，着曲襟衣、戴章甫帽呢！

古者民泽处复穴，[①]冬日则不胜霜雪雾露，夏日则不胜暑热蚊虻。圣人乃作，为之筑土构木以为宫室，上栋下宇，以蔽风雨，以避寒暑，而百姓安之。

伯余之初作衣也，[②]緂麻索缕，手经指挂，其成犹网罗。[③]后世为之，机杼胜复，[④]以便其用，而民得以揜形御寒。

古者剡耜而耕，[5]摩蜃而耨，[6]木钩而樵，抱甀而汲，[7]民劳而利薄。后世为之耒耜耰锄，斧柯而樵，桔皋而汲，[8]民逸而利多焉。

【注释】

①复穴：多层的洞穴。

②伯余：黄帝时人名，传说中华夏民族最早制造衣裳的人。

③緂（tián）：缉，搓。索：使成为绳索的样子。手经指挂：一只手拉直主线，用另一只手的手指挑挂辅线进行编织。

④机杼（zhù）：织机。机：有转轴和滚轴，杼：织梭。胜复：繁复，多次。

⑤剡（yǎn）：磨得锋利。耜（sì）：像铁锹的农具。

⑥摩：通“磨”，打磨。耨（nòu）：除草。

⑦木钩：用木头做成的钩子。樵：砍柴。甀（zhuì）：像坛子的一种瓦器。

⑧桔皋：桔槔，井上汲水的工具。在井旁架上设一杠杆，一端系汲器，一端悬、绑石块等重物，用不大的力量即可将灌满水的汲器提起。

【译文】

古时候老百姓住在有湖泊河流的地方，靠挖掘层层山洞来居住，冬天难以忍受冰霜、大雪、雾气和露水的侵袭，夏天难以阻挡炎热、蚊子和牛虻的折腾。圣人出现了，为百姓筑土构木建成房舍，这样上有瓦梁，下有屋檐可以用来遮风挡雨、躲避寒暑，百姓从此得以安定。

伯余也开始为百姓做衣服，他用手将麻丝搓成绳子，一手拉直主线，用另一只手的手指挑挂辅线进行编织，制成了像网罗的衣服。后来的人们制衣，使用织机反复织造，使用方便，使百姓得以遮体御寒。

古时候磨锋利了耜用来耕田，又磨快蛤蜊的硬壳当锄头来除草，用像钩子的木刀来砍柴，抱着瓦瓮从井里打水，百姓非常劳累却获利非常微薄。后来的人制作了耒耜耰锄来播种耕地翻地，有造出斧头用来砍柴，用具有杠杆的桔槔从井里打水，百姓既轻松安逸又获利丰厚。

古者大川名谷，冲绝道路，[1]不通往来也。乃为窬木方版，[2]以为舟航。故地势有无,得相委输。[③]乃为靼蹻而超千里,[④]肩荷负儋之勤也,而作为之楺轮建舆,[⑤]驾马服牛,民以致远而不劳。为鸷禽猛兽之害伤人,而无以禁御也,而作为之铸金锻铁以为兵刃,猛兽不能为害。故民迫其难则求其便,[⑥]困其患则造其备。人各以其所知,去其所害,就其所利。常故不可循,[⑦]器械不可因也,则先王之法度有移易者矣!……

【注释】

①冲绝:横向断绝。

②窬(yú):掏空。窬木:把树干掏空做成小船。方:合并。方版:拼接木板成为整体。

③委输:搬运输送。搬装货物叫委,运送货物叫输。

④靼(dá):柔软的皮革。蹻(juē):草鞋。

⑤楺轮:将木头弯曲做成圆形的车轮。建舆:建造车辆。

⑥迫:被迫。迫其难:被困难迫使。

⑦常故:惯常的典故,指旧例。

【译文】

古时候河流深谷横断了交通道路,人们之间没有办法往来。于是人们挖空树干,拼合木板做成舟船,使各地的人和物产得以运输,互通有无。又因为人们要徒步走到千里之外,肩挑背驮非常劳累,于是人们用楺木制作了轮子,发明了车辆,并用牛马驾驭,这样人们坐车到远方不会觉得劳累;还因为凶禽猛兽伤害人,无法防御抵抗,于是人们就熔铸金属,铸成兵器、刀具,这样凶猛的禽兽就不再危害百姓了。所以人们是被困难逼迫着去寻找应对办法,是各以自己的聪明才智,去避开有害的东西,趋于有益的东西。既然常规不可遵循,器械不能因袭,那么先王留下的法度也不是不能改变的。……

夏后氏殡于阼阶之上,[①]殷人殡于两楹之间,周人殡于西阶之上,[②]此礼之不同者也。有虞氏用瓦棺,[③]夏后氏堲周,[④]殷人用椁，[5]周人墙置翣，[6]此葬之不同者也。夏后氏祭于暗，殷人祭于阳，周人祭于日出，以朝，[7]此祭之不同者也。尧《大章》，舜《九韶》，禹《大夏》，汤《大濩》，周《武象》，[8]此乐之不同者也。故五帝异道而德覆天下，三王殊事而名施后世。此皆因时变而制礼乐者。……先王之制，不宜则废之；末世之事，善则著之。是故礼乐未始有常也，故圣人制礼乐而不制于礼乐。

【注释】

①夏后氏：夏后氏，为我国第一个世袭王朝——夏朝的氏称，夏朝王族以国为氏，为夏后氏，简称夏。殡：停柩待葬。阼(zuó)阶：大堂东阶。

②两楹：厅堂前部的柱子。两楹之间：厅堂正中。西阶：大堂西阶。

③有虞氏：有虞氏，是中国古代五帝之一的舜帝部落名称。瓦棺：古代陶质的葬具。

④堲(jí)：把土烧成砖。堲周：烧土为砖绕于棺材四周。

⑤椁(guǒ)：套在棺材外面的大棺材。

⑥墙：装饰灵柩的布帐。翣(shà)：一种扇形棺饰，送葬时盖车，入椁时盖柩。

⑦暗：黄昏，太阳落山时。阳：这里指白天阳气最旺时，即中午。以朝：太阳升起时。

⑧《大章》《九韶》《大夏》《大濩》《武象》：都是古代的雅乐。

【译文】

夏后氏时代的人死后将灵柩停放在堂屋的东阶上，而殷朝人死后将灵柩停放在厅堂的楹柱之间，周朝人死后则将灵柩停放在西阶上，这些都是殡礼不同的地方。有虞氏时人死后用瓦棺，夏后氏时代人死后用砖砌棺，而殷朝人死后用套棺，周朝人死后用的灵柩还需用布帐装饰成扇形，这些都是葬礼不同的地方。夏后氏时代人在黄昏祭祀，殷朝人在中午祭祀，而周朝人则在早晨祭祀，这些都是祭祀习俗的不同。尧帝时用《大章》，舜帝时用《九韶》，夏禹时用《大夏》，商汤时用《大濩》，武王时用《武象》，这些都是乐曲上的不同。所以五帝治理天下的办法都不相同，但德泽都能遍及天下，三王治理政事的方法也不相同，但他们都能名扬四海流传百世，这些都是因为他们能够根据时势的变化而来制定礼乐。……先王实行的制度，如果不合乎当下的时宜就应该废除；后世使用的办法，如果好用就应该发扬光大。可见礼乐从来就没有恒常不变的，所以圣人制作礼乐但不会受制于礼乐的束缚。

治国有常，而利民为本。政教有经，而令行为上。苟利于民，不必法古；苟周于事，不必循旧。夫夏商之衰也，不变法而亡；三代之起也，不相袭而王。故圣人法与时变，礼与俗化。衣服器械，各因其宜。故变古未可非，而循俗未足多也。百川异源，而皆归于海；百家殊业，而皆务于治。……

【译文】

君主治理国家有恒常的原则，应该以对人民有好处为根本。实施政令教化有贯穿始终的主线，政令能够推行最重要。只要措施对人民有好处，就不必效法古人的做法；只要能使事情做得圆满，就不必因循守旧。夏朝和商朝到了衰落的末期，仍然不改变旧法结果灭亡了；开创夏商周三代的君主在兴起的时候，没有相互延续原来的做法结果都成了天下的帝王。所以圣人的做法会根据时间的变化而改变，圣人的礼仪会根据不同的风俗变迁而变化。穿衣装饰和使用的器械工具，都会根据它们的功能来使用。所以改变古代的做法未必就应该否定，遵循旧有的习俗未必就值得褒扬。各种河流发源都不一样，但最后都要流入大海；各种学说主张的内容都不同，但目的都是为了治理好天下。……

周公事文王也，行无专制，[①]事无由己。身若不胜衣，言若不出口。[②]有奉持于文王，洞洞属属，[③]如将不能，恐失之，可谓能子矣。武王崩，成王幼少，周公继文王之业，履天子之籍，[④]听天下之政。平夷狄之乱，诛管、蔡之罪，负扆而朝诸侯，[⑤]诛赏制断，无所顾问。威动天地，声慑海内，可谓能武矣。成王既壮，周公属籍致政，北面委质而臣事之。[6]请而后为，复而后行。无擅恣之志，无伐矜之色，可谓能臣矣。故一人之身而三变者，所以应时矣。……故圣人所由曰道，所为曰事。道犹金石，一调不更；事犹琴瑟，每弦改调。故法制礼义者，治人之具也，而非所以为治也。故仁以为经，义以为纪，[7]此万世不更者也。若乃人考其才，而时省其用，[8]虽日变可也，天下岂有常法哉！当于世事，得于人理，顺于天地，祥于鬼神，则可以正治矣。……法度者，所以论民俗而节缓急也；器械者，因时变而制宜适也。

【注释】

①专制：独裁专断。

②身若不胜衣：身体好像承受不了衣服的重量。言若不出口：说话好像没有发出声音。

③洞洞属属：颤颤巍巍，比喻谨慎恭敬，没有什么图谋。

④籍：登记隶属关系的簿册。履天子之籍，指掌握天子的权柄。

⑤扆(yǐ)：古代宫殿内设在门和窗之间的大屏风。负扆：背朝屏风，南面接见朝臣。

⑥质：身体。委质：曲下身体行礼。

⑦经：经线，指贯穿始终的惯常原则。纪：散丝的头绪，指纲常法度。

⑧省：检查。

【译文】

周公侍奉他的父亲周文王的时候，行使权力从不独裁专断，处理事情从不任由自己的性子。他对文王毕恭毕敬，身体好像承受不了衣服的重量，说话非常小声，就像没有从口来说出来。他向文王呈送东西，总是颤颤巍巍，谨慎小心，好像捧着贵重的物件，生怕拿不住而失手，这可真是贤能的儿子。周武王死后，继位的成王还很年幼，周公为了继承文王的事业，于是履行天子的职责，以摄政王的身份处理天下政事，平息夷狄的叛乱，诛杀惩处了谋反的管叔、蔡叔，坐在天子的位子上接受诸侯的朝拜，诛杀赏赐、处置决断都由他亲自做出，不必请示成王也不必与他人商量，这样威风震动天地、声势慑服四海，这真可谓能用好武力了。成王长大后，周公主动交出天子的职权，归还给成王政治地位，面向北躬下身子向成王行臣属之礼。做事情要先请示成王之后才做，等到答复之后才行动起来，没有擅权任意胡为的意志，也没有居功自傲的得意神色，这可真是能够做好臣属了。周公同一个人却有三种不同的身份的变化，这都是为了应对情势的需要罢了。……所以圣人所遵循的原则叫道，所做的叫事。这道就好比金钟石磬，一旦定了调就无法改换；而事就好比琴瑟，每根弦的音都可以随时调整。所以法制礼仪都是治理百姓的工具，并不是进行治理的目的。所以，“仁”是贯穿始终的根本原则，“义”则是纲常法度，这些尚可说是万世不变的。但像选拔人才考察他们的才能，就应该不时地检查他们以便调配使用，虽然每天都有不同的调度也是可以的，天下哪里有这方面恒常不变的法则？只要符合世事，适合情理，顺应天地，获得鬼神保佑，就可以治理好天下了。……法律制度，是用来反映百姓的习俗的，应当宽严缓急适度；器械用具同样要根据时代的变化而变化，使之适宜使用。

夫圣人作法而万民制焉，①贤者立礼而不肖者拘焉。制法之民不可与远举，拘礼之人不可使应变。②耳不知清浊之分者不可令调音，心不知治乱之源者不可令制法。必有独闻之耳，独见之明，然后能擅道而行矣。③夫殷变夏、周变殷、春秋变周，三代之礼不同，何古之从？大人作而弟子循，知法治所由生，则应时而变。不知法治之源，虽循古终乱。今世之法籍与时变，礼义与俗易。为学者循先袭业，据籍守旧教，以为非此不治，是犹持方枘而周员凿也，④欲得宜适致固焉，⑤则难矣。……

【注释】

①制：被制伏，被约束。

②制法：被具体的法律所束缚。拘礼：被礼仪所拘束限制。远举：从事远大的事情。

③擅：随意。擅道：自由随意地选择道路。

④枘（ruì）：榫头。周：周洽，使合适。员：通“圆”。凿：卯眼。

⑤宜适：恰好适当。致固：使榫头插入卯眼能够牢固。

【译文】

圣人创造法律制度而天下万民被约束，贤能的人规定礼仪而普通人被拘束限制。被法律制度束缚手脚的人，不可以和他一起做远大的事情；被礼制拘束限制的人，不能够让他应对不断变化的局势。耳朵听觉不能分辨清浊的人，是不可以让他去调整音律的；内心不明白国家治乱根源的人，是不可以让他去制定法令的。具有能听别人难以听到的声音的听觉和能看别人难以看到的东西的视觉的人，才能随心所欲地选择前进的道路。商朝改变夏朝的法度礼仪，周朝改变商朝的法度礼仪，春秋时期改变周朝的法度礼仪，上述三代的法度礼仪都不相同，哪里有什么古代的法度礼仪可以依从？长辈和上官制定法度礼仪，晚辈和下属应该遵从，但如果知道用法度治理的目的，就应该根据时代的不同而随机应变。如果不知道用法度治理的目的，虽然遵循古代的做法也必定会导致动乱。现在的典章制度根据时势而改变，礼仪规范也根据风俗习惯而变更。做学问的人因循先前的做法照搬旧有的业绩，根据书本典籍固守旧有的教条，认为除了这样就不能治理好天下，这就像将方形的榫头塞进圆形的卯眼，要想让它们恰好适当完全吻合，达到牢固的效果，这就难了。……

天地之气，莫大于和。和者，阴阳调，日夜分而生物。春分而生，秋分而成。生之与成，必得和之精。故圣人之道，宽而栗，①严而温，柔而直，猛而仁。太刚则折，太柔则卷，圣人正在刚柔之间，乃得道之本。……昔者齐简公释其国家之柄而专任其大臣，②将相摄威擅势，私门成党而公道不行，故使陈成田常、鸱夷子皮得成其难，③使吕氏绝祀而陈氏有国者。④此柔懦所生也。郑子阳刚毅而好罚，⑤其于罚也，执而无赦。舍人有折弓者，畏罪而恐诛，则因猘狗之惊以杀子阳。⑥此刚猛之所致也。今不知道者，见柔懦者侵，则矜为刚毅；见刚毅者亡，则矜为柔懦。此本无主于中，而见闻舛驰于外者也，[7]故终身而无所定趋。……

【注释】

①栗：战栗，指令人感到战栗，形容威严不可侵犯。

②齐简公：春秋时齐国国君，姜姓，吕氏，名壬，齐悼公之子，前 484 年至前 481 年在位。

③陈成田常：田常名常，谥成子，故或称田常，或称陈成子。其先祖姓陈，在陈国为大夫，后奔齐，以田为氏。齐简公四年(公元前 481 年)，杀死简公，拥立齐平公，任相国，尽杀公族中的强者，扩大封邑，从此齐国由陈氏专权。鸱夷子皮：春秋末期楚国商人范蠡经商时取的名字。显然，这里是误用，估计是陈氏同党。

④吕氏绝祀：齐国的开国君主为姜太公，姜姓吕氏，所以失国被认为是吕氏失去奉祀。

⑤子阳：人名，郑国的相国。

⑥猘(zhì)狗：疯狗。

⑦舛(chuǎn)：错误，违背。

【译文】

天地之间的气，没有比中和之气更珍贵的了。所谓中和之气，就是阴阳协调，昼夜分明，这样万物才能生长。万物是在春分时节生长、秋分时节成熟，这生长和成熟都离不开这精纯的中和之气。所以圣人的处事原则是：宽松而又令人恐惧，严厉而又令人感到温和，看起来柔软却又刚直，威猛而又表现得仁慈。因为如果太刚硬则容易折断，如果太柔软则容易卷曲，所以圣人处在刚柔之间，这才是得道的根本所在。……从前，齐简公放弃他掌握的国家权柄，将它委托给大臣，一味地宠信他们，将军和宰相滥用威望和权势，私下里拉帮结派组成同党，国家的政令无法实行，所以使得陈成子田常和鸱夷子皮能够发难，夺权成功，使吕氏失去了齐国的政权而陈氏取得了王位。这就是一味柔弱退让导致的。郑子阳刚烈威猛偏好动用刑罚，只要他想惩罚谁抓住就不会释放。他手下的一个门客不小心折断了他的弓弩，门客害怕犯了这个罪过会被郑子阳诛杀，于是利用追杀疯狗引起混乱之机杀死了郑子阳。这就是因为郑子阳过于刚烈不变通导致的。现在不知道"道"的人,看见柔弱的人被欺负就追捧刚毅;看到刚毅的人丧命了就追捧柔弱。这根本的原因就在于心中没有主见,所见所闻又与外界不断变化的情势相违背,所以这种人一辈子都无法确定要走的道路。……

夫弦歌鼓舞以为乐,盘旋揖让以修礼,[1]厚葬久丧以送死,孔子之所立也,而墨子非之。兼爱、上贤、右鬼、非命,[2]墨子之所立也,而杨子非之。[3]全性保真,不以物累形,杨子之所立也,而孟子非之。趋舍人异,各有晓心,故是非有处,得其处则无非,失其处则无是。丹穴、太蒙、反踵、空同、大夏、北户、奇肱、修股之民,[4]是非各异,习俗相反,君臣上下,夫妇父子,有以相使也。此之是,非彼之是也。此之非,非彼之非也。譬若斤斧椎凿之各有所施也。……

【注释】

①盘旋:上下左右行礼,指礼节仪式烦琐。

②兼爱、上贤、右鬼、非命:这些是墨子的基本主张,也是《墨子》中的重要篇名。上贤,即尚贤,崇尚贤能。右鬼,高诱注云:"右,犹尊也。"崇尚鬼神。

③杨子:先秦哲学家,战国时期魏国人,字子居,道家杨朱学说派创始人。

④"丹穴"句:都是传说中的边远部族,根据居住地和长相取名。

【译文】

用拨弄琴弦、唱歌、敲鼓、舞蹈来表达快乐;用上下左右应酬、作揖谦让来表现礼仪;用隆重的安葬和长久的服丧来送别死者,这些都是孔子创立的规矩,然而墨子否定这么做。互相亲爱、推崇贤能、敬崇鬼神、不信天命,这些都是墨子所提倡的,但杨子是反对的。保全本性的真纯,不以外物拖累形体,这些都是杨子所提倡的,但孟子是反对的。每个人向往和抛弃的都不一样,每个人各有自己内心的看法,所以对与错要看他们所处的立场,符合自己的立场就没有什么不对的,不符合自己的立场就没有什么对的。丹穴、太蒙、反踵、空同、大夏、北户、奇肱和修股等边远部落的百姓，他们看待对与错的标准不同，他们的生活习性和风俗也不一样，君主和臣民，夫妇和父子的人伦秩序，也各有不同的处理方式。在这里正确的，在那里不一定也正确，在这里认为错误的，在那里不一定也错误。这就像刀斧、槌子和凿子各有各的用处一样。……

卷十四　诠言训

洞同天地,[1]浑沌为朴,未造而成物,谓之太一。同出于一,所为各异,有鸟有鱼有兽,谓之分物。方以类别,[2]物以群分。性命不同,皆形于有。隔而不通,分而为万物,莫能及宗。[3]故动而谓之生,死而谓之穷。皆为物矣,非不物而物物者也。[4]物物者亡乎万物之中。

【注释】

①洞同:会合贯通。

②方:方正,规范,指根据类别划分范围。

③宗:本,万物最初的起源,即上文的太一。

④物物者:使物成为物的造物者。

【译文】

天地会合贯通没有分开,混沌一片还没有任何雕琢,还没有创造形成物体,这叫作太一。共同起源于太一,成形以后各不相同,有飞禽、走兽、游鱼,这叫作区分事物的过程。根据类别划分范围,根据不同群体的事物进行命名。它们的性质和生命形态各不相同,但都是有形的。彼此隔离不通,分化成为万物,不能再达到最初的状态。所以它们能活动就叫作生存,它们死了就叫作终结。这些都是有形的具体事物,与不是事物的而创造事物的创生者不同。造物者好像消失在万物之中一样。

稽古太初,[1]人生于无,形于有。有形而制于物。[2]能反其所生,若未有形,谓之真人。真人者,未始分于太一者也。

【注释】

①稽:考核,追溯。太初:指太古时期,天地未分时期。

②制于物：被各种物质所制约。

【译文】

追溯天地未分之时，人从虚无中诞生，表现为有形。有了形体就会被万物所限制。如果能够反观他产生之初的状态，好像还没有形体，可以称他为真人。真人就是还没有与太一状态分离的人。

圣人不为名尸，[1]不为谋府，[2]不为事任，不为智主。藏无形，行无迹，游无朕。[3]不为福先，不为祸始。保于虚无，动于不得已。

欲福者或为祸，欲利者或离害。[4]故无为而宁者，失其所以宁则危；无事而治者，失其所以治则乱。星列于天而明，故人指之；义列于德而见，故人视之。人之所指，动则有章；人之所视，行则有迹。动有章则词，[5]行有迹则议。故圣人揜明于不形，藏迹于无为。

【注释】

①尸：古代祭祀时，代表死者受祭的人。名尸：承担人们给予的声名。

②府：脏腑，指居住的地方。谋府：谋略居住之地，指谋划的事主。

③朕：征兆，迹象。

④离：通“罹”，遇到。

⑤词：言辞，言论评议。

【译文】

圣人不想承担人们给予的声名，不想做谋划的事主，不想担任事务职责，不要动用心智。他们隐藏起来不抛头露面，行动不留痕迹，任意游荡没有征兆。他们不事先去谋求福利，也不制造祸端。保持着自身的无影无踪。

谋求福利却可能制造祸端，想获得利益却可能遭到损害。所以无为而安宁的人，失去了他们得以安宁的因素就危险了；以不制造事端而获得治理的，失去获得这种治理的因素，就会有动乱。星辰布列在天空就会发出光芒，所以人们就能够指指点点；根据德行而展现出仁义行为，所以人们就能够审查挑剔。人们指点的星辰，移动就会有轨迹；人们看到的德行,行动会有它的章法痕迹。星辰移动有轨迹,人们就会议论;德行有章法痕迹,人们就会评论。所以圣人将自己的神明掩藏在无形之中,将形迹隐藏在无为之中。

王子庆忌死于剑,[①]羿死于桃棓,[②]子路葅于卫,苏秦死于口。人莫不贵其所有,而贱其所短,然而皆溺其所贵,而极其所贱。所贵者有形,所贱者无朕也。故虎豹之强来射,猿狖之捷来措。[③]人能贵其所贱,贱其所贵,可与言至论矣。

【注释】

①庆忌:春秋时吴王僚的儿子,勇武过人。阖闾杀死了僚,庆忌投奔郑国,在打回吴国时,被阖闾派的刺客要离刺杀。

②桃棓:桃木做的梿枷。

③狖(yòu):黑色的长臂猿。措:捕捉。

【译文】

勇猛的吴国王子庆忌死在刺客的剑下,善射的后羿死于桃木做的梿枷,勇武的子路在卫国被剁成肉酱,善辩的苏秦死因口舌而死。人没有不是看重他们的长处,而掩盖看轻他们的短处的;因而常常沉醉得意于他自以为的长处,而掩饰遮盖自以为低贱的短处。人们看重的长处是能表现出来的,而轻视的短处却是没有迹象的。所以虎豹有勇猛的表现结果被猎杀,猿狖有敏捷攀缘的表现结果被捕捉。人如果能重视审查他们的短处,而不是张扬他们的长处,就可以与他谈论最高深的道理了。

自信者不可以诽誉迁也,知足者不可以势利诱也。故通性之情者,不务性之所无以为。通命之情者,不忧命之所无奈何。通于道者,物莫足滑其调。[①]詹何曰:[②]"未尝闻身治而国乱者也,未尝闻身乱而国治者也。"矩不正,不可以为方;规不正,不可以为圆。身者,事之规矩也,未闻枉己而能正人者也。[③]……

【注释】

①滑：扰乱。调：协调和谐。

②詹何：战国时楚国哲学家，有道术，主张重视生命轻视利益，反对恣意妄为。

③枉：歪曲。

【译文】

自信的人是不能用诽谤或赞誉来改变他的志向的，知道满足的人是无法通过权势和利益来引诱的。所以通达本性的真实情况的人，不追求本性所不能做到的东西。通达命运的真实情况的人，不会担心命运不能掌握的东西。与“道”相通的人，外在事物不能扰乱内心的协调和谐。詹何说：“我从未听说过自身修养得好而国家混乱的，从未听说过自身修养混乱而国家很好治理的。”矩如果不方正，就不能作为规范方形的标准；规如果不平正，就不能作为测度圆形的标准。自身的修为就是做事的规和矩。没听说过自身不正而使别人端正的事。……

为治之本，务在于安民；安民之本，在于足用；足用之本，在于勿夺时；勿夺时之本，在于省事；省事之本，在于节欲；节欲之本，在于反性；反性之本，在于去载。[①]去载则虚，虚则平。平者道之素也，[②]虚者道之舍也。

【注释】

①载：承载。去载：去掉承载的性外之物。

②素：纯洁，指道的本质。

【译文】

治国的根本，务必要使人民安定；使人民安定的根本，在于生活物质充足；生活物质充足的根本，在于不剥夺生产的时间；不剥夺生产时间的根本，在于减少人民的徭役；减少徭役的根本，在于节制统治者的贪欲；节制贪欲的根本，在于返归淳朴的天性；返归淳朴天性的根本，在于去掉承载的性外之物。去掉性外之物就空虚轻盈，性情空虚轻盈就会平和。平和是“道”的纯洁本质,空虚轻盈是“道”的存在之处。

能有天下者,必不失其国;能有其国者,必不丧其家;能治其家者,必不遗其身;能修其身者,必不忘其心;能原其心者,必不亏其性;能全其性者,必不惑于道。……

能成霸王者,必得胜者也;能胜敌者,必强者也;能强者,必用人力者也;能用人力者,必得人心也;能得人心者,必自得者也;能自得者,必柔弱也。强胜不若己者,至于与同则格。[①]柔胜出于己者,其力不可度。故能以众不胜成大胜者,[②]唯圣人能之。……太王亶父处邠,[③]狄人攻之,事之以皮币珠玉而不听,乃谢耆老而徙岐周。[④]百姓携幼扶老而从之,遂成国焉。推此意,四世而有天下,[⑤]不亦宜乎!

【注释】

①与同:和……相同。格:抗衡,指势均力敌。

②众不胜:众多不利于取胜的因素。

③太王亶父:古公亶父,姓姬,名亶,父为尊称。他是周文王的祖父,率周部落迁徙到周原岐山,安定下来并由此兴起。其后裔周武王姬发建立周朝时,追谥他为“周太王”。

④谢:辞别谢罪。耆(qí):指六十岁的人。耆老:泛指老人长辈。

⑤四世:指古公亶父以下四代,即古公亶父、季历、周文王、周武王,从周兴起到建立周朝的四代人。

【译文】

能够保有天下的人,必定不会让他的国家失去;能够保有国家的人,必定不会让他的家族丧失;能够治理好家族的人,必定不会放弃自身的修养;能够修养自己的人,必定不会违背自己的内心;能够遵从内心初衷的人,必定不会让他的本性有亏损;能够保持本性全真的人,必定不会使“道”迷失。……

能够成为霸主的人,必定能够战胜敌人;能够战胜敌人的人,必定足够强大；足够强大的人，必定要依靠人们的鼎力相助；能够得到人们的鼎力相助，必定要先赢得他们的心；能够赢得人心的，一定是具有自我修养的人；能有自我修养的人，一定是以柔韧作为修为的根本。强大的人能够战胜比自己弱的人，但遇到和自己一样强大的人，就只能势均力敌难取胜了。而生性柔韧的人却能够战胜比自己强大的人，因为他们的力量是难以衡量的。所以，能够游刃有余地将不利的条件结合起来，最终取得胜利，这只有圣人能够做到吧。……太王亶父带领部族生活在邠地的时候，北方的狄人打来了，他向狄人进贡毛皮丝帛珍珠玉器等贵重的礼品求和，狄人不要，继续进犯，于是太王亶父辞别了父老乡亲，迁徙到岐山下。百姓都带着小孩扶着老人紧紧跟随，这样在岐山建立了周部落的国家。后人推行太王亶父为了保民不惜躲避强敌、柔韧退让的意愿，经过四代人就拥有了整个天下，这不也是理所当然的吗？

无以天下为者，必能治天下者。霜雪雨露，生杀万物，天无为焉，犹之贵天也。厌文搔法，[①]治官理民者，有司也，君无事焉，犹尊君也。辟地垦草者，[②]后稷也；决河浚江者，禹也；听狱制中者，皋陶也；有圣名者，尧也。故得道以御者，身虽无能，必使能者为己用。不得其道，伎艺虽多，未有益也。……

【注释】

①厌：烦琐。搔：来回抓挠。厌文搔法：指处理烦琐的文案和实行各种法令。

②垦草：拔出野草，指垦田。

【译文】

对天下事务无为而治的人必能治理好天下。霜雪雨露降下来，万物生长又死去，上天并没有做什么，但人们认为上天更尊贵。处理烦琐的文案和实行各种法令，任免官吏治理人民，这是政府机构的职责，君主并没有做什么，人们反而觉得君主更尊贵。人们把开垦荒地种植庄稼的功劳归于后稷；把疏通长江黄河的功劳归于大禹；把审理案件实现公正平衡的功劳归于皋陶；把圣王的声名归于尧。（他们虽没有亲自做上面的事情，却得到了上面的功绩。）所以得道并且能驾驭道的人，自己虽然没有专门的才能，但肯定能使有专门才能的人为己所用。不能懂得无为之道，即使有再多的技能，也没有什么好处。……

圣人不为可非之行，不憎人之非己也。修足誉之德，不求人之誉己也。不能使祸不至，信己之不迎也。不能使福必来，信己之不攘也。[1]祸之至也，非其求所至，故穷而不忧。福之至也，非其求所成，故通而弗矜。[2]知祸福之制不在于己也，[3]故闲居而乐，无为而治。

【注释】

①攘：抗拒。

②通：通达于富贵。矜：骄傲，扬扬自得的样子。

③制：掌控，根源。

【译文】

圣人不做可能被非议的事情，不因别人非议自己而憎恨他们。修养足够得到称赞的德行，但不谋求别人对自己的称赞。圣人不能使灾祸不降临，但能自信从容不去迎击它。圣人不能使福气一定来临，但能自信从容不会抗拒它。灾祸降临，不是圣人期求而降临的，所以即使身处困境也不会忧虑。福气到了，并不是圣人渴求而实现的，所以即使富贵了也不会扬扬自得。圣人知道灾祸和福气并不是自己能控制得了的，所以他们生活清闲无事却很快乐，他们没有做什么却治理好了天下。

圣人守其所以有，不求其所未得。求其所无，则所有者亡矣。修其所有，则所欲者至。故用兵者先为不可胜，以待敌之可胜也。治国者先为不可夺，以待敌之可夺也。舜修之历山，而海内从化。[1]文王修之岐周，而天下移风。使舜趋天下之利，而忘修己之道，身犹弗能保，何尺地之有！故治未固于不乱，[2]而事为治者必危。行未固于无非，而急求名者必剉也。[3]福莫大无祸，利莫美不丧。……

【注释】

①历山：地名，在今山东济南。舜曾在此耕种庄稼。从化：顺从归化。

②未固于：没有比……更可靠的。

③剉(cuò)：挫折，失败。

【译文】

圣人守护自己所拥有的东西，不贪图自己没有获得的东西。贪图自己没有的东西，那么自己拥有的东西也会失去。处理好自己所抱有的东西，那么想要的东西会就自然会实现。所以用兵打仗先要确保自己不可被敌人战胜，然后等待敌人可以被战胜的时机。治理国家先要确保自己的国家不会被夺取，然后再等待机会夺取敌人的国家。舜在历山耕种，修身养性，天下的人都顺从归化于他。周文王在周原岐山修养自己，治理国家，天下都跟着改变了风俗。如果舜为了贪图天下利益而奔波，忘记了自身修养的道理，那么自己的身体都无法保全，怎么会有哪怕是一尺土地呢？所以没有比不乱更可靠的治理了，为了治理而到处生事会带来危险。没有比不受非议的行为更可靠了，急于求取声名的人必然会被挫败。福气没有比没有灾祸更大的了，好处没有比不受损失更美好的了。……

圣人无思虑，无设储，[1]来者弗迎，去者弗将。[2]人虽东西南北，独立中央，故处众枉之中不失其直；天下皆流，独不离其坛域。[3]故不为善，不避丑，遵天之道；不为始，不专己，循天之理；不豫谋，不弃时，与天为期；[4]不求得，不辞福，从天之则；不求所无，不失所得。……为者有不成，求者有不得，人有穷而道无不通，与道争则凶。……

【注释】

①设储：设立储备，指没有事先的防备和谋划。

②将：阻击。

③流：混同一起。坛域：境界、境地，这里指原则。

④为期：合乎时宜，和保持一致。

【译文】

圣人不胡思乱想没有忧虑，没有事先的防备和谋划，要来的他不会迎合，要去的他不会阻击。人们虽然遍布东南西北，但圣人却一个人站在中央，所以处在各种歪曲和偏斜之中，却没有失去他的正直；即使天下人都混同于世俗，他也不会偏离自己的原则和境界。所以圣人不刻意去做好事，也不躲避丑恶的事情，而是遵循上天的道理；不创始什么，不恣意妄为，而是顺从上天的治理；没有事先的谋划，不抛弃时机，而是与上天的时令一致；不贪求所得，不抗拒福气的到来，依从上天的法则；不贪求自己所没有的，不使自己所有的失去。……做事的人有时候不能成功，贪求的人有时候不能得其所想，人有穷困的时候，但天然之道没有不贯通的，与这样的天然之道抗衡就危险了……

德可以自修，而不可以使人暴；[①]道可以自治，而不可以使人乱。虽有圣贤之宝，[②]不遇暴乱之世，可以全身，而未可以霸王也。汤、武之王也，遇桀、纣之暴也。桀、纣非以汤、武之贤暴也，汤、武遭桀、纣之暴而王也。故虽贤王必待遇。[③]遇者能遭于时而得之也，非智能所求而成也。君子修行而使善无名，布施而使仁无章。故士行善而不知善之所由来，民赡利而不知利之所由出，故无为而自治。善有章则士争名，利有本则民争功。二争者生，虽有贤者弗能治。故圣人揜迹于为善，而息名于为仁也。……

【注释】

①“德可以自修”二句：指人的德行可以通过自我修养实现，而不是想办法使别人残暴来彰显自己的德行。

②宝：珍贵的东西，指圣贤的德行。

③待遇：等待时机。

【译文】

人的德行可以通过自我修养实现，而不是想办法使别人残暴来彰显自己的德行;“道”可以用来自我修养,但不可以用来使别人昏乱。虽然个人拥有圣贤的德行,如果不是在残暴混乱的世道,可以用来保全自身,但不可以用来称霸称王。商汤和周武王之所以谋求称王是因为他们遇到了夏桀和商纣的残暴统治。不是夏桀和商纣因为商汤和周武王有贤名而变得残暴,是商汤和周武王被夏桀和商纣残暴统治不得不取而代之称王。所以即使贤人要称王也应该等待时机,所谓等待时机就是碰上了取代暴君的机会,而不是通过施展智慧谋取得到的。君子修养德行不是为了博取善良的声名,布施恩惠不是为了炫耀自己多么仁慈。所以官员做好事却不知道善行是从哪里来的,百姓获得好处却不知道好处是从哪里来的,所以“无为”就自然而然治理好了天下。君主如果炫耀善行,那么官员就会效仿博取声名;百姓知道获得好处有根本的门道,就会争相去做以便得到好处。争名夺利这两种竞争一旦产生,就是贤能的人也不能治理好天下了。所以圣人不着痕迹地做好事,默默无闻地施展他们的仁爱。……

卷十五　兵略训

古之用兵者，非利土壤之广，而贪金玉之略，[①]将以存亡继绝，平天下之乱，而除万民之害也。

凡有血气之虫，含牙带角，[②]前爪后距，[③]有角者触，有齿者噬，有毒者螫，有蹄者趹。[④]喜而相戏，怒而相害，天之性也。

人有衣食之情，而物弗能足也，故群居杂处，分不均，求不赡，则争。争则强胁弱而勇侵怯。人无筋骨之强，爪牙之利，故割革而为甲，烁铁而为刃。贪昧饕餮之人，[⑤]残贼天下，万人搔动，莫宁其所。有圣人勃然而起，[⑥]力讨强暴，平乱世，夷险除秽，以浊为清，以危为宁，故不得不中绝。[⑦]兵之所由来者远矣。黄帝尝与炎帝战矣，[⑧]颛顼尝与共工争矣。[⑨]故黄帝战于涿鹿之野，尧战于丹水之浦，[⑩]舜伐有苗，[⑪]启攻有扈，[⑫]自五帝而弗能偃也，又况衰世乎！

【注释】

①略：掠取。

②带：顶戴。带角：头顶上长着犄角。

③距：雄鸡爪子后面突出像脚趾的部分。

④趹(jué)：用蹄子踢人。

⑤贪：贪图。昧：藏起来。贪昧：贪图东西藏起来据为己有。饕餮：传说中贪吃的恶兽，比喻性情贪婪的人。

⑥勃然而起：发怒而采取行动。

⑦中绝：半途意外死亡。

⑧黄帝、炎帝：华夏民族的始祖，远古帝王。黄帝战胜炎帝，两部落合并。

⑨颛顼：传说上古帝王，黄帝的孙子，三皇五帝之一。共工：传说是炎

帝的后代,上天恶神。

⑩浦:水边或河流入海的地区。

⑪有苗:三苗,古代一个南方部落。

⑫启:大禹之子,夏朝的开国君主。有扈:古国名。

【译文】

古代的人打仗不是为了扩大疆土的好处,不是为了贪图对黄金宝玉的掠取,而是为了保存衰亡的国家,使中断的祭祀能够延续,使天下的动乱能够平定,使危害百姓的事物被清除。

凡是有血气的动物,有的嘴里有牙,有的头上长角,有的前面有爪,有的后面有距,长着犄角的就用角触撞,长着牙齿的就用牙噬咬,长着毒刺的就用刺蜇,长着蹄脚的就用蹄踢蹬。这些动物高兴时互相嬉戏,发怒时互相伤害,这是它们的天性。

人们有穿衣吃饭的需求,但拥有的物品不能够满足需求,所以大家交错居住在一起,平均分配衣食,但仍不能满足人们的需求,于是相互争夺。一旦发生争夺,强大的就会胁迫弱小的,勇猛的就会侵犯怯懦的。人没有强壮的筋骨,没有锋利的爪牙,所以他们切割动物的皮毛做出铠甲,熔炼金属做成刀剑。贪婪残暴的人,残害天下百姓,万民身处骚乱之中,没有安身的地方。于是圣人愤怒地行动起来,奋力讨伐逞强残暴的人,平定混乱的世道,使危险被平复,使肮脏被清理,使浑浊变清澈,使危险变安宁,所以不得不有人牺牲生命。自从战争诞生以来已经很久远了。黄帝和炎帝曾发生过战争,颛顼与共工曾相互争斗。黄帝在涿鹿之野打败蚩尤,尧帝在丹水之浦消灭楚伯,舜帝讨伐过叛乱的有苗,夏启攻打过不服的有扈。就连五帝都不能平息战争,更别说现在的衰乱世道了。

夫兵者,所以禁暴讨乱也。炎帝为火灾,故黄帝擒之;共工为水害,故颛顼诛之。教之以道,导之以德而不听,则临之以威武。临之威武而不从,则制之以兵革。①故圣人之用兵也,若栉发耨苗,②所去者少,而所利者多。杀无罪之民,而养无义之君,害莫大焉。殚天下之财,③而赡一人之欲,祸莫深焉。使夏桀、殷纣有害于民而立被其患,不至于为炮烙。晋厉、宋康行一不义而身死国亡,不至于侵夺为暴。[4]此四君者,皆有小过,而莫之讨也,故至于攘天下,[5]害百姓,肆一人之邪,而长海内之祸,此大伦之所不取也。[6]所为立君者,以禁暴讨乱也。今乘万民之力,而反为残贼,是为虎傅翼,[7]曷为弗除!

【注释】

①制:控制。

②栉(zhì)发:理顺头发。

③殚:竭尽。

④晋厉:晋厉公,春秋晋国君,公元前580年至前573年在位,以好战著称,曾发动对秦国和楚国的战争,最后被臣下诛杀。宋康:宋康王,战国宋国君,公元前329年至前286年在位,好武力,先后发动对齐国、楚国、魏国的战争,并侵占了藤国。后宋国内乱,齐、魏、楚趁机伐宋,杀康王,瓜分其地。

⑤攘:侵略。

⑥伦:道义规范。

⑦傅:辅助,附带。

【译文】

战争是用来制止凶暴和讨伐祸乱的。炎帝造成了火灾,所以黄帝将他擒获;共工造成了洪水灾害,所以颛顼把他诛杀。用"道"来教化那些坏人,用德行引导他们还不听的话,就用威严气势震慑他们。用威严气势震慑他们还不听,那么就用战争制裁他们。所以圣人用兵,就像理顺头发,除掉禾苗中的杂草,清除的是少数害虫,保护的是多数百姓的利益。杀害无辜的百姓来保护不义的君主,没有比这更大的祸害了。竭尽全天下的财富来满足一人的欲望,没有比这更深的祸患了。如果夏桀和殷纣一开始危害人民,就让他两个立即遭到祸患惩罚,就不至于让他们有机会使用炮烙之刑。如果晋厉公和宋康王一开始做了件不正义的事,就杀死他们灭亡他的国家,那么他们就没机会多次发动侵略战争施展他们的残暴了。

上面四个君主都曾有小的过失，却没有受到过讨伐，所以导致他们侵略天下，祸害百姓。任由一个人做邪恶的事，就等于增加全天下的灾难。这是道义规范不允许的。人们拥立君主的初衷是为了禁止暴行讨平动乱的。如今凭借万民的力量，成为君主，却反过来成了残害百姓的贼人，这就像为虎添翼，为什么不除掉他？

夫畜池鱼者必去猵獭，[①]养禽兽者必去豺狼，又况治人乎！故霸王之兵，以论虑之，[②]以策图之，以义扶之，非以亡存也，将以存亡也。故闻敌国之君有加虐于民者，则举兵而临其境，责之以不义，刺之以过行。兵至其郊，乃令军师曰：[③]"毋伐树木，毋抉坟墓，毋爇五谷，[④]毋焚积聚，毋捕民虏，[⑤]毋收六畜。"乃发号施令曰："其国之君，傲天侮鬼，决狱不辜，杀戮无罪，此天之所以诛，民之所以仇也。兵之来也，以废不义，而复有德也。有逆天之道，帅民之贼者，[⑥]身死族灭。以家听者禄以家，以里听者赏以里，以乡听者封以乡，以县听者侯以县。"克国不及其民，[⑦]废其君而易其政，尊其秀士而显其贤良，振其孤寡，恤其贫穷，出其囹圄，赏其有功。百姓开门而待之，淅米而储之，[⑧]唯恐其不来也。此汤武之所以致王，而齐桓晋文之所以成霸也。故君为无道，民之思兵也，若旱而望雨，渴而求饮，夫有谁与交兵接刃乎！故义兵之至也，至于不战而止。

【注释】

①猵獭（biān tǎ）：水獭，一种食鱼兽。

②论：通"伦"，道义规范。

③军师：本意是军队的建制，泛指军队。

④爇（ruò）：烘烤，燃烧。

⑤民虏：俘虏敌国人民。

⑥帅：将帅，指率领。

⑦克：攻克。克国：消灭敌国。

⑧淅（xī）：象声词，用水洗，淘。

【译文】

围起池塘养鱼的人必须先赶走水獭；豢养牲畜家禽的人必须先要除掉豺狼，更何况是治理百姓的君主呢？所以秉持霸道王道的军队，根据人伦天理考虑问题，依靠策略达到目的，依靠道义来获得支持，目的不是为了灭亡存在的国家而是使快灭亡的国家能够生存。所以听到敌国的君主暴虐地统治百姓，就向他的国境派发军队，指责他的不义，揭露他的过失行为。当军队到了敌国的郊外，就向军队发布命令："不得砍伐树木、不得挖掘坟墓、不得烧毁庄稼、不得焚毁库存财物、不得俘获平民百姓、不得没收牲畜家禽。"又对敌国百姓发布文告说："你们的君主傲视天命，欺侮神灵，制造冤狱，滥杀无辜，所以上天要惩处他，人民仇恨他。今天我们正义之师来到你们国家，就是为了废除不义的君主，恢复道德正义，让有德行的人执掌朝政。谁要是敢违背天意，保护残害百姓的国贼，一旦抓获，本人处死、家族灭绝；谁能带领全家听从我军命令的，则赐给全家人俸禄；谁率领一里居民顺从我军的，则把全里赏赐给他；谁率领全乡服从我军的命令，就将这个乡赏赐给他；谁率领全县归顺我军，就封他为县侯。"消灭敌国但不波及平民百姓，废黜敌国君主而不改变该国的政治，尊重优秀人才彰显他们的贤良，赈济孤儿寡母，抚恤贫穷的人，释放囚犯，奖励有功劳的人。如此敌国百姓都会打开门户等待着正义之师，淘好米储备起来，唯恐正义之师不来。这就是商汤、周武王能够称王天下，齐桓公、晋文公能够称霸天下的原因。所以君主违背人伦天理，平民百姓就盼望(正义的)军队到来，就像干旱渴望下雨，口渴想喝水，谁还会和这样的正义军队作战呢？所以正义的军队所到之地，不用开战就能取得胜利，制止动乱。

晚世之兵，君虽无道，莫不设渠堑，傅堞而守。①攻者非以禁暴除害也，欲以侵地广壤也。是故至于伏尸流血，相支以日，②而霸王之功不世出者，自为之故也。夫为地战者，不能成其王；为身战者，不能立其功。举事以为人者，众助之；举事以自为者，众去之。众之所助，虽弱必强；众之所去，虽大必亡。兵失道而弱，得道而强。将失道而拙，得道而工。国得道而存，失道而亡。……

【注释】

①渠堑：水渠和深沟。傅：辅助。堞（dié）：城墙上向外一侧所设墙垛，战时可抵挡敌人的矢石攻击，从孔隙中则可对敌人射箭发炮。城墙向内一侧则可设矮墙，防止人马下坠。泛指城墙。

②相支：相互对峙。相支以日：一天一天地对峙下去。

【译文】

晚近时代的军队，君主虽然违背人伦天理，却没有不挖水渠设深沟，依靠城墙的辅助进行防守的。进攻的军队并不是为了禁止暴行铲除祸害，而是为了占有土地扩张疆土。所以导致尸体堆积血流成河，双方一天天对峙下去。称王称霸的功业不能在世间出现了，这都是自己导致的。为了获得土地而战不能成为王者；为了自身的利益而战，不能完成功业。为了人民发动战争，群众都会帮助他；为了自己的利益发动战争，群众都会背离他。得到群众帮助的，虽然弱小也必然会强大起来；被群众背离的，虽然强大也必定会走向灭亡。军队失去道义就会衰弱，拥有道义就会强大。将领失去道义就会变得笨拙，拥有道义就会变得精明。国家拥有道义就能长存，丧失道义就会衰亡。……

故明王之用兵也，①为天下除害，而与万民共享其利。民之为用，犹子之为父，弟之为兄。威之所加，若崩山决塘，敌孰敢当！故善用兵者，用其自为用也；不能用兵者，用其为己用也。③用其自为用，则天下莫不可用也；用其为己用，所得者鲜矣。

【注释】

①王：智慧的君主。

②自为用：为每个人自己的利益做事。

【译文】

有智慧的君主发动战争是为天下百姓除掉祸害，和他们一起享受利益。百姓为了他甘愿被驱使，就像儿子为了父亲、弟弟为了兄长那样忠诚。军队威势所到的地方，就像山崩塌水决口，敌人里谁敢阻挡？所以善于使用军队的君主，会让士兵觉得在为他们自己的利益战斗；不善于使用军队的君主，会让士兵觉得他们是在为君主一个人的利益战斗。让士兵知道他们是在为自己的利益而战斗，那么天下就没有不可以被利用的；让部队为君主私利而卖命，那么所能得到的支持少之又少。

兵有三诋：[1]治国家，理境内，行仁义，布德惠，立正法，塞邪隧，[2]群臣亲附，百姓和辑，[3]上下一心，君臣同力，诸侯服其威，而四方怀其德，修政庙堂之上，而折冲千里之外，[4]拱揖指执而天下响应，[5]此用兵之上也。地广民众，主贤将忠，国富兵强，约束信，号令明，两军相当，鼓錞相望，[6]未至兵交接刃而敌人奔亡，此用兵之次也。知土地之宜，习险隘之利，明奇正之变，[7]察行陈解赎之数，[8]维枹绾而鼓之，[9]白刃合，流矢接，涉血属肠，[10]舆死扶伤，[11]流血千里，暴骸盈场，[12]乃以决胜，此用兵之下也。今夫天下皆知事治其末，而莫知务修其本，释其根而树其枝也。

【注释】

①诋(dǐ)：真谛，根本原则。

②隧：隧道，通路。

③辑：聚集，团结。

④冲：冲锋用的战车。折冲：挫败敌人的冲击。

⑤拱揖：拱手作揖。执：通“挥”。指执：手指头一挥，形容指挥轻松。

⑥錞(chún)：古代一种铜质的军乐器，形如圆筒，上大下小，顶上多做虎形钮，可悬挂，常与鼓配合。

⑦奇：出其意料的战术。正：合乎通常战法的战术。

⑧赎：赎买，指抵消、补充。解赎：解散和补充。

⑨维枹：缠绕鼓槌。绾：绾起来。将鼓槌缠好绾在手上，不易脱手。

⑩涉(dié)血：喋血。属肠：肠子暴露。

⑪舆：车，借指驾驶战车的士兵。扶：依靠，借指车轮两旁的战士。

⑫场：场地，战场。

【译文】

君主使用军队有三个真谛：治理好国家，处理过境内秩序，实行仁义的统治，广泛布施德行恩惠，设立正义的法律，堵塞奸诈邪恶的门路，所有的大臣亲善依附君主，百姓团结，全国上下一条心，君主和臣下一起用力，诸侯都服从他的权威，四方百姓都感念他的恩德，在朝廷里处理政务，就能够挫败千里之外的侵犯，只需要拱一拱手，挥一挥指头，全天下就纷纷响应，这是使用军队的上策。拥有广大的疆土众多的百姓，君主贤良有智慧，将帅足够忠诚，国家富足士兵强壮，约束规范人们有信誉，发布号令明白无误，依靠这些和敌军对峙，军鼓战旗排列开来，两军还没有到刀剑相交的地步，敌人就战败逃跑了，这是使用军队的中策。知道如何利用地形地势，掌握险要关口的好处，明白出其不意和通常战法的变换使用，注意观察队伍阵列掌握士兵解散和补充的数量，将鼓槌用绳子绾在手上击鼓，两军刀剑相交，弓箭互射，士兵流血露肠，战车上下死的死、伤的伤，鲜血流了千里，尸体堆满了战场，依靠这样来决定胜负是使用军队的下策。现在天下的人只知道处理细枝末节的事情，却不知道修养维护根本的事务，这就像抛弃树根种植树枝一样。

夫兵之所以佐胜者众，而所以必胜者寡。甲坚兵利，车固马良，畜积给足，士卒殷轸，①此军之大资也，而胜亡焉。②明于星辰日月之运，刑德奇賌之数，③背乡左右之便，此战之助也，而全亡焉。④良将之所以必胜者，恒有不原之智，⑤不道之道，难以众同也。

夫论除谨，⑥动静时，吏卒辨，兵甲治（此司马之官也）。⑦正行伍，连什伯，⑧明鼓旗，此尉之官也。前后知险易，⑨见敌知难易，发斥不忘遗，⑩此候之官也。隧路亟，行辎治，⑪赋丈均，⑫处军辑，井灶通，⑬此司空之官也。收藏于后，迁舍不离，⑭无淫舆，无遗辎，此舆之官也。凡此五官之于将也，犹身之有股肱手足也。必择其人，技能其才，使官胜其任，人能其事。告之以政，申之以令，使之若虎豹之有爪牙，飞鸟之有六翮，莫不为用。然皆佐胜之具也，非所以必胜也。

【注释】

①殷轸(zhěn):众多的样子。

②亡:没有。胜亡焉:胜利不在此。

③刑德:根据感应学说,刑为阴,德为阳,刑主杀,德主生。賌(gāi):完备。奇賌:出其不意的战术。

④背乡:背向,指后退和前进。左右:向左和向右。全:保持完整。亡焉:不在此。

⑤原:推究。

⑥论:通"抡",选任。除:委任官职。

⑦此司马之官也:这是司马的职责。

⑧行伍、什伯:古代军队编制,五人为伍,二十五人为行。十人为什,百人为伯。

⑨前后:向前和向后。

⑩斥:斥候,侦察员。发斥:派遣侦察员。遗:留人守备。

⑪隧路:地道,秘密通道。亟:急切,指畅通,沟通迅速便利。行辎:运输车辆,指物资装备。

⑫赋丈:劳役,指建立军营阵地等工作。均:均等。

⑬处军:安置军队。辑:团结有礼。井灶:水井和炊灶。

⑭收藏:收拾储藏。迁:辗转迁徙。舍:安营扎寨。

【译文】

用兵打仗能够用来帮助获得胜利的条件很多,但能够用来必定获得胜利的条件极少。军队的铠甲坚固兵器锋利,战车牢固马匹优良,储蓄堆积给养充足,士兵众多齐整,这都是军队的重大资本,但必胜并不在此。知道星辰日月运行的规律,懂得生杀技巧和用兵的计谋,拥有前进后退和左右分合的布阵便利,这是作战的辅助条件,但保证军队完整不在此。优秀的将领之所以能够必胜,常有不可推究的智慧,无法说出来的道理,和众人很难相同。

选拔和任命官员慎重,行动还是静止都符合时势,有好的办法管理士兵官员,武器治备得很好,(这是司马的职责)。军队编制齐整完备,排兵布阵训练严正,明确旗鼓号令的使用规则,这是尉官的职责。前进和后退知道何时何地危险还是便利，面对敌人知道好打还是难打，派侦察员去打探消息却不忘留人守备，这是候官的职责。保证道路和秘密的门路都畅通，装备物资的运输畅达，平均士兵担负的劳役等工作，使军队上下团结友爱，凿井挖灶烧水做饭，这是司空的职责。收拾和储藏战利品，军队辗转迁徙和安营扎寨都跟着不离开，不滥用战车，不丢弃辎重，这是舆官的职责。负责这五种职责的官员对于最高统帅而言，就像手脚对于一个人的作用。要认真挑选人才，使他们具备技能才干，让他们能够胜任职责，使每个人能做好自己的事。告诉他们政令，向他们申明军令，使他们像有爪牙的虎豹、有健翅的鹰鸟来为将帅效力，都能发挥作用。但这些也都是能帮助取胜的工具，还不是必胜的决定因素。

卷十六　说山训

魄问于魂曰：[①]"道何以为体？"曰："以无有为体"魄曰："无有，有形乎？"魂曰："无有。""何得而闻也？"魂曰："吾直有所遇之耳。[②]视之无形，听之无声，谓之幽冥。幽冥者，所以喻道而非道也。"魄曰："吾闻得之矣。乃内视而自反也。"魂曰："凡得道者，形不可得而见，名不可得而扬。[③]今汝已有形名矣，何道之所能乎？"魄曰："言者独何为者？""吾将反吾宗矣。"[④]魄反顾魂，忽然不见。反而自存，亦以沦于无形矣。

【注释】

①魄、魂：精神的两种形式。魄依附身体，称阴神。魂可以离开身体，称阳神。

②直：只是。

③扬：称颂。

④宗：根源。这里指无形名的状态。

【译文】

魄问魂说："道用什么作为自己的本体？"魂说："以'无有'作为本体。"魄问："'无有'，有形体吗？"魂说："没有。""既然没形体，你是怎么知道它的呢？"魂说："我只是遭遇到它才知道而已。看它，却没有形体，听它，却没有声音，可以说它是幽冥。这里说的幽冥是用来比喻道，但它本身不是道。"魄说："听你这样一说，我明白了'道'是让精神内视照察而返归本原的。"魂说："凡是得道者，它的形体不能被看到，它的名号不能被显扬。现在你已有了形体和名号，哪里还能得到道呢？"魄说："你在说话，为何说没有形体？""我将要返回我的本原了。"魄回头四顾，魂忽然就不见了。魄也反过来看自己存在何处，也已经陷没在无形状态之中了。

人不小学,不大迷;不小慧,不大愚。

【译文】

人不沾沾自喜于微小的学问,就不会陷入大的迷惑;人如果不卖弄小聪明,就不会做出重大愚蠢的事情。

人莫鉴于沫雨,而鉴于澄水者,以其休止不荡也。……

【译文】

没有人用浑浊的雨水来对照自己,而是把清澈的水面当作镜子,这是因为它平静而不激荡。……

人无为则治,有为则伤。无为而治者,载无也,①为者不能无为也。不能无为者,不能有为也。人无言而神,有言者则伤。无言而神者载无,有言则伤其神之神者。②鼻之所以息,耳之所以听,终以其无用者为用矣。③物莫不因其所有,而用其所无。以为不信,视籁与竽。……水定则清正,动则失平。故惟不动,则所以无不动也。江河所以能长百谷者,④能下之也。夫惟能下之,是以能上之。……

【注释】

①载:承载,指思想上容纳、信奉。

②神之神:精神的最高境界。

③无用者:无的使用,指耳鼻的中空处,道家认为耳鼻是靠它们的中间的空洞发挥作用的。

④长百谷:是百谷的领袖。

【译文】

人"无为"就会太平无事,有为就会遭到伤害。无为而治的人思想上信奉"无",无偏见无行动,有为的人就不可能做到这种无为。不能无为的人思想和行动都会有偏见,就可能有所作为。人闭口少言就能保全精神,爱说话者就容易损伤精神。闭口少言就会承载“无”,没有偏见,爱说话的人就会伤害他的精神,难以达到精神的最高境界。鼻子能呼吸,耳朵能倾听,都是利用它们中间的空洞来获得它们的功能的。天下事物有形体,但无不凭借着其中的空洞“无用”来发挥作用的。如果不信那就请看籁与竽,它们也是靠空洞发音的。……水静止时就清澈平稳,流动起来就失去平和。所以唯有不动,就能无所不动。江河之水能够成为百谷的领袖,是因为它们能够往下流,只有能够往下流的,才能说它是居于上位的,是高尚的。

兰生幽谷,不为莫服而不芳;舟在江海,不为莫乘而不浮;君子行义,不为莫知而止休。……

【译文】

兰花生长在幽深的山谷中,不会因为没有人佩戴它就会变得不再芳香;船舶停靠在江河大海上,不会因为没有人乘坐它就变得不能漂浮;君主做正义的事情,不会因为没有人知道就停止下来。……

人有嫁其子而教之曰:[①]“尔行矣,慎无为善。”曰:“不为善,将为不善邪?”应之曰:“善且由弗为,况不善乎?”此全其天器者。[②]

【注释】

①子:子女,指女儿。

②天器:天然本性。

【译文】

有个人嫁女儿教育她说:“你出发吧,要小心谨慎,别做好事。”女儿问:“不做好事,是要做不好的事情吗?”回答说:“好事尚且都不应该去做,更何况做不好的事情?”这是为了保全她的天性。

拘囹圄者,以日为修;[①]当死市者,以日为短。[②]日之修短有度也，有所在而短，有所在而修也，则中不平也。[3]故以不平为平者，其平不平也。……

【注释】

①修：漫长。

②死市：在市场处死。市是人群聚集的场所，古代在这里执行死刑便于示众。

③中：内心的衡量标准。

【译文】

坐牢的人觉得每一天都过得特别漫长；将要被拉到市场上处死的人，觉得每天都过得很短。每天的时间长短有固定的标准，就人们看来有的觉得它长，有的觉得它短，这是因为每个人内心衡量的标准不一样罢了。所以将不标准当作标准，是因为他衡量的标准不够标准。……

钟之与磬也，近之则钟音充，[1]远之则磬音章。[2]物固有近不若远，远不如近者。……

【注释】

①充：充满耳朵，指响亮。

②章：彰显，这里指显得更响亮。

【译文】

钟和磬相比较，离得近钟声听起来很响亮，离得远磬的声音显得更响亮。事物本来就有在近处不如在远处的，在远处不如在近处的情况。……

亡羊而得牛，则莫不利失也。断指而免头，则莫不利为也。故人之情，于利之中则争取大焉，于害之中则争取小焉。……

【译文】

如果人因为丢了羊就能得到牛，那没有人不想丢失羊的。砍断手指头就能避免砍脑袋,那没有人不愿意选择砍断手指头。所以人的常情是在能获得的好处中争取最大的,在受到的危害当中选择最小的。……

因媒而嫁,而不因媒而成。因人而交,不因人而亲。……

【译文】

通过说媒进行婚嫁,但不会因为说媒就一定要成全婚嫁。因为别人的关系选择交往,但不会因为别人的关系就一定要表现亲密。……

东家母死,其子哭之不哀。西家子见之,归谓其母曰:“社何爱速死?①吾必悲哭社。”夫欲其母之死者,虽死亦不能悲哭矣。谓学不暇者,虽暇亦不能学矣。……

【注释】

①社:母亲。爱:爱惜,恋恋不舍。

【译文】

东面邻居的母亲死了,她的儿子痛哭流涕却没有哀伤的感情。西面邻居家的儿子看见了,回到家对他的母亲说:“母亲大人为什么爱惜自己,不快快去死呢?我一定会悲痛地哭悼母亲大人。”想要他的母亲快快死的人,即使他的母亲死了他也不会悲伤哭泣的。那些说没有闲暇时间学习的人,虽然有了闲暇的时间他也不会学习的。……

纣为象箸而箕子唏,①鲁以偶人葬而孔子叹。②故圣人见霜而知冰。……

【注释】

①象箸:用象牙做成的筷子。箕子:商纣王叔父,担任太师。唏(xī):唏嘘,感叹。

②偶人:用来殉葬的人形木偶。

【译文】

商纣王用象牙做的筷子,他的叔父箕子对此唏嘘叹息,鲁国人有用人形木偶殉葬的习俗,孔子对此叹息。所以圣人看到风霜就能知道冰雪也快来了。……

郢人有鬻其母,[①]为请于买者曰:"此母老矣,幸善食之而勿苦。"[②]此行大不义而欲为小义者。……

【注释】

①鬻:出售。

②食(sì):拿东西给人吃。

【译文】

楚国郢都有人出售了他的母亲,向买主求情说:"这位母亲老了,请你好好奉养她,别让她太痛苦。"这是做非常不仁义的事情却还想表现出小恩小惠来。……

为孔子之穷于陈、蔡而废六艺,[①]则惑。为医之不能自治其病,病而不就药,则悖矣。

【注释】

①穷于陈、蔡:孔子带领弟子周游列国,在陈国和蔡国之间的地方受困。六艺:这里指《诗》《书》《礼》《易》《乐》《春秋》六部典籍。

【译文】

因为孔子曾在陈国和蔡国之间的地方受困,就废弃孔子传授的六艺,那就糊涂了。因为医生不能治好医生本人的疾病,患者就不看病不吃医生开的药,那就荒谬了。

卷十七　说林训

以一世之度制治天下，[①]譬犹客之乘舟，中流遗其剑，遽契其舟桅，[②]暮薄而求之，其不知物类亦甚矣。夫随一隅之迹，而不知因天地以游，惑莫大焉。……

【注释】

①一世：某一个世代。

②桅：船舷。

【译文】

用某一个世代的制度来长久治理天下，就像外地人坐船，船正在行驶的时候他把剑掉到水里了，他马上在掉剑部位的船舷上刻下记号，想等待傍晚船停靠岸边时再下水寻找，他不知道事物已经变化很多了。根据船上一个角落的刻痕去探求，却不知道顺从天地的变化去遨游，再也没有比这更糊涂的了。……

短绠不可以汲深，[①]器小不可以盛大，非其任也。

【注释】

①绠：井绳。

【译文】

太短的井绳不能用来打深井里的水，器具太小不可以用来装大的东西，这不是它们能承担的。

怒出于不怒，为出于不为。视于无形，则得其所见矣。听于无声，则得其所闻矣。至味不慊，[①]至言不文，[②]至乐不笑，至音不叫，大匠不斫,[3]大豆不具,[4]大勇不斗,得道而德从之矣。譬若黄钟之比宫、太簇之比商,[5]无更调焉。……

【注释】

①慊(qiè):心满意足的样子。

②文:文采,修辞。

③斫(zhuó):用刀、斧等砍劈。

④豆:古代一种高足盘,用来盛肉。具:呈现,摆列。

⑤黄钟、太簇:古代音乐十二律名中的两种。宫、商:五声中的两种。

【译文】

愤怒是从不怒中产生的,有为是从无为中表现出来的。能看清无形,那么就能看清所有物体;能听见无声之声,那么天下就没有什么不能听到的了。最鲜美的味道尝着没有心满意足的感觉,最重要的言语是没有华丽的修辞的,最深刻的快乐是不用欢声大笑的,最大的声音不需要大吼大叫,伟大的工匠不需要用刀斧劈砍,盛肉的庞大器皿是不用显摆的,勇气足够大的人是不用打斗来表现的,掌握了道,德也就跟着来了。这就像黄钟搭配宫声,太簇搭配商声,不用变更音调。……

人莫欲学御龙,而皆欲学御马;莫欲学治鬼,而皆欲学治人:急所用也。……

【译文】

人都不想学驾龙技术,而想学御马技术;都不想学习治理鬼的本领,而想学治理人的本事,因为御马治人都是急需的事。……

水静则平,平则清,清则见物之形,弗能匿也,故可以为正。……

【译文】

水静止不流就会光滑平整,光滑平整就会变得清澈见底,清澈见底就能用来照出物体的形状，没有什么事物能够躲藏，所以可以作为正确的标准。……

非规矩不能定方圆，非准绳不能正曲直，用规矩准绳者，亦有规矩准绳焉。……

【译文】

没有规矩器械就不能确定事物的方正扁圆，没有准绳器械就不能正确衡量事物的弯曲正直，使用规矩准绳等器械的人，也有用来衡量他们的规矩和准绳。……

杨子见逵路而哭之，[①]为其可以南，可以北；墨子见练丝而泣之，[②]为其可以黄，可以黑。……

【注释】

①逵路：道路开岔，指四通八达的大道。

②练丝：经过漂白的丝绢。

【译文】

杨子站在四通八达的大路口哭了，因为这种路可以通往南也可以通往北；墨子看到漂白的丝绢哭了，因为这样的丝绢可以变黄也可以变黑。……

忧父之疾者子，治之者医。进献者祝，[①]治祭者庖。[②]

【注释】

①祝：祭祀祷告，指代祭祀祷告的人。

②治祭：制作祭品。庖：烹调，指代厨师。

【译文】

为父亲的疾病感到担忧的是儿子，能够治疗疾病的是医生。向鬼神进献祭品的是进行祭祀祷告的人，制作这些祭品的却是厨师。

卷十八　人间训

清净恬愉，人之性也；仪表规矩，事之制也。[1]知人之性，其自养不勃；[2]知事之制，其举错不惑。[3]……

【注释】

①制：制约，依据。

②自养：自身的修养。勃：混乱。

③错：通“措”，措施。

【译文】

清静恬愉是人的本性；仪表规矩是处事的依据。知道人的本性，那么人自身的修养就不会悖谬；懂得处事的依据，那么人自身的行为就不会乱套。……

天下有三危：少德而多宠，一危也；才下而位高，二危也；身无大功而有厚禄，三危也。故物或损之而益，或益之而损。何以知其然也？

昔者楚庄王既胜晋于河雍之间，[1]归而封孙叔敖，[2]辞而不受。病疽将死，[3]谓其子曰：“吾则死矣，王必封女。[4]女必让肥饶之地，而受沙石之间。有寝丘者，其地确石而名丑，[5]荆人鬼，越人禨，[6]人莫之利也。”孙叔敖死，王果封其子以肥饶之地。其子辞而不受，请有寝之丘。[7]楚国之俗，功臣二世而爵禄，唯孙叔敖独存。此所谓损之而益也。

【注释】

①楚庄王：春秋时期楚国最有成就的君主，打败晋国，成为春秋五霸

之一。河雍之间：黄河与雍水之间，楚国和晋国决战于此。

②孙叔敖：名敖，字孙叔，是楚庄王时为楚国令尹，以贤能闻名于世。

③疽：使皮肤肿胀的毒疮。

④女：通"汝"，你。

⑤寝丘：春秋楚地，寝丘，陵寝之丘也，古地名，在今天沈丘东南一带。确：堆砌。寝丘的名称听起来不吉祥。

⑥禨(jī)：迷信鬼神，向鬼神求福。

⑦有寝之丘：有一个叫陵寝的山丘，即寝丘。

【译文】

天下有三种危险的情况：缺少德行而尊宠却多，这是第一种危险；才能低下而地位尊贵，这是第二种危险；自身没有大的功劳却享受丰厚的俸禄，这是第三种危险。所以事物有时候减损它反而更有好处，有时候增加好处反而是种减损。从哪里看出会是这样呢？

从前楚庄王在黄河和雍水之间打败了晋军，班师回国后册封和奖赏孙叔敖，孙叔敖推辞没有接受封赏。他后来毒疮发作，临死前对儿子说："我一旦死了，楚庄王一定会封赏你。你一定要推让掉赏给你的肥沃的土地，只接受沙石众多的不毛之地。有个叫寝丘的地方，土地上堆积着石头，名字也很丑陋，楚国人和越国人都迷信鬼神，他们都不会图谋那里。"不久，孙叔敖去世了，楚庄王果然把肥沃的土地封赏给孙叔敖的儿子，孙叔敖儿子谢绝了，而请求获得寝丘之地。按楚国的习俗，功臣的封禄传到第二代就要收回，唯独孙叔敖一家保存了下来，这就叫作损减反而增加了好处。

何谓益之而损？昔晋厉公南伐楚，[1]东伐齐，西伐秦，北伐燕，兵横行天下而无所绻，威服四方而无所诎，[2]遂合诸侯于嘉陵。[3]气充志骄，淫侈无度，暴虐万民。内无辅拂之臣，[4]外无诸侯之助。戮杀大臣，亲近导谀。[5]明年出游匠骊氏，[6]栾书、中行偃劫而幽之。[7]诸侯莫之救，百姓莫之哀，三月而死。夫战胜攻取，地广而名尊，此天下之所愿也，然而终于身死国亡。此所谓益之而损者也。夫孙叔敖之请有寝之丘，沙石之地，所以累世不夺也；晋厉公之合诸侯于嘉陵，所以身死于匠骊氏也。

【注释】

①晋厉公：春秋时晋国君，公元前581年即位，穷兵黩武，四处征伐，结果在公元前573年的内乱中被杀。

②绻(quǎn)：卷起来。诎(qū)：屈从。

③合诸侯：召集诸侯结盟，成为霸主。公元前575年，晋厉公打败楚国和郑国联盟。嘉陵，即鄢陵。公元前574年，晋、宋、曹、卫等在嘉陵会盟。

④拂(bì)：通“弼”，是辅助的意思。辅拂：指辅佐朝政的大臣。

⑤导谀：引导献媚，阿谀迎奉。

⑥匠骊氏：晋国大夫。

⑦栾书：晋国大夫。中行偃：晋国大夫。栾书、中行偃趁晋厉公到匠骊氏家游玩时劫持拘禁了他，次年杀晋厉公。

【译文】

什么叫作增加好处反而是种减损？从前晋厉公讨伐南方的楚国，讨伐东方的齐国，讨伐西方的秦国，讨伐北方的燕国，纵横天下，威震四方，没有阻碍也没有挫折。于是召集诸侯在嘉陵会盟成为霸主。晋厉公气横志骄、淫侈无度、残害百姓。国内无辅佐规谏的大臣，国外没有诸侯的援助。同时又杀戮忠臣，亲近阿谀奉承的小人。在会合诸侯的第二年，厉公出游宠臣匠骊氏的领地时，被栾书、中行偃劫持，囚禁起来。没有一个诸侯来拯救他，没有任何百姓同情他，三个月后就死了。战胜敌人夺取敌国，扩张领土威名赫赫，这是天下国君的愿望，结果却为此丢了性命丧失了国家。这就是所说的增减好处反而减损。孙叔敖不要肥沃土地而要寝丘荒地，所以能代代相传不被剥夺；晋厉公好大喜功，在嘉陵会盟诸侯成为霸主，结果导致死在了匠骊氏的领地。

众人皆知利利而病病也，①唯圣人知病之为利，知利之为病也。

夫再实之木根必伤，[2]掘藏之家必有殃，[3]以言大利而反为害也。张武教智伯夺韩、魏之地而擒于晋阳，[4]申叔时教庄王封陈氏之后而霸天下。[5]孔子读《易》至《损》《益》，未尝不愤然而叹曰："益损者，其王者之事与！"

【注释】

①利利：好处就是好处。病：弊端。病病：弊端就是弊端。

②再实：一年结两次果实。

③掘藏：挖掘坟墓。

④张武：智伯家臣，唆使智伯剥夺魏赵韩的领地。擒于晋阳：指智伯在晋阳被打败。

⑤申叔时：楚国公族。楚庄王灭陈，申叔时劝楚庄王恢复陈国，迎立陈灵公之子为君，赢得天下信服。

【译文】

众人都知道好处就是好处，弊端就是弊端，只有圣人知道弊端会导致好处，好处也会产生弊端。一年结两次果实的树木必然会损害树根；挖掘坟墓获得葬品的人家必然会遭到灾祸，这就是说获得了很大好处却导致了灾祸。晋国大夫张武唆使智伯夺取了韩、魏的部分领地，结果却导致智伯在晋阳被擒杀；楚国公族申叔时劝说楚庄王恢复陈国，结果使楚庄王取信天下成为霸主。孔子读《易经》，读到《损》卦和《益》卦时，未尝不喟然叹息道："懂得益和损之间的关系的，应该是行王道的君王的事吧？"

事或欲以利之，适足以害之；或欲害之，乃反以利之。利害之反，祸福之门户，不可不察也。

阳虎为乱于鲁，[1]鲁君令人闭城门而捕之。[2]得者有重赏，失者有重罪。围三匝，而阳虎将举剑而伯颐。[3]门者止之曰："天下探之不穷，[4]我将出子。"阳虎因赴围而逐，扬剑提戈而走，门者出之。顾反取其出之者以戈推之，攘祛薄腋。[5]出之者怨之曰："我非故与子反也，为之蒙死被罪，而乃反伤我！宜矣，其有此难也！"鲁君闻阳虎失，大怒，问所出之门，使有司拘之，以为伤者受大赏，而不伤者被重罪。此所谓害之而反利者也。

【注释】

①阳虎：姬姓，阳氏，名虎，鲁国贵族季孙氏家臣，曾执政鲁国。公元前 502 年，阳虎劫持鲁定公和叔孙州仇，讨伐孟氏，事情失败后逃亡齐国。

②鲁君：鲁定公，是鲁国第二十五任君主，公元前 510 年至前 495 年在位。

③匝：一周，一圈。伯：逼迫。颐：人的面颊。举剑而伯颐：拿起剑压在自己的脸上，指准备自杀。

④探：探求，指出路。

⑤攘：推开。祛(qū)：衣袖。薄：迫近。薄腋：贴近腋窝。

【译文】

事情有时候想对人有利但却恰恰害了他，有时候想害他但却又恰恰对他有利。利和害向相反方面的转化，祸与福的缘由是不能不明察的。

阳虎在鲁国作乱，鲁定公命令手下人关闭城门搜捕阳虎，宣布凡抓获阳虎者有重赏，放走阳虎者要处罚。追捕者将阳虎层层包围起来，阳虎只得举剑压在脸上准备自杀，这时有位守门人劝阻他说："天下之大，出路多得很，我将放你出城去。"于是阳虎得以冲出重围，在后面的追兵紧追不舍的情况下，阳虎挥舞宝剑提着戈奔跑冲杀。那位守门人乘混乱之机放阳虎出了城门。阳虎出了城以后又折返回来，抓住那位守门人，举戈刺他，戈刺破袖子伤及腋部。这时守门人抱怨说："我本来就和你非亲非友，为了救你我冒着被处死罪的风险，可你反而刺伤我。我真是活该，会碰上这样的灾祸。"鲁定公听说阳虎逃出城，大怒，查问阳虎是从哪座城门逃脱的，并派主管官员拘捕有嫌疑的守门人。鲁定公认定凡受伤的守门人是阻拦阳虎的，要重赏；而没有受伤的守门人可能是故意放走阳虎的，要重罚。那位放走阳虎的守门人因为受伤而受赏，这真可说伤害他反而使他得利。

何谓欲利之而反害之？楚恭王与晋人战于鄢陵，[1]战酣，恭王伤而休。司马子反渴而求饮，[2]竖阳谷奉酒而进之。[3]子反之为人也，嗜酒而甘之，不能绝于口，遂醉而卧。恭王欲复战，使人召司马子反，辞以心痛。王驾而往视之，入幄中而闻酒臭。恭王大怒，曰："今日之战，不谷亲伤，[4]所恃者司马也，而司马又若此，是亡楚国之社稷，而不率吾众也。[5]不谷无与复战矣！"于是罢师而去之，斩司马子反为僇。[6]故竖阳谷之进酒也，非欲祸子反也，诚爱而欲快之也，而适足以杀之。此所谓欲利之，而反害之者也。……

【注释】

①楚恭王：楚共王，芈姓，熊氏，名审，公元前590年至前560年在位，在鄢陵大战中败给晋国。

②司马：主管军事的官员。子反：楚公子侧，春秋时期楚国司马，楚恭王的叔叔。

③竖：奴仆。阳谷：人名，子反的仆人。

④谷：善。不谷：古代王侯以此自警、自谦。

⑤亡、率：亡，忘记。率，抚恤。

⑥僇(lù)：杀戮。诛戮后陈尸于市。

【译文】

什么情况是想给人好处反而害了他？楚恭王和晋军在鄢陵会战，战斗正紧张激烈之间，恭王眼睛被射伤只好休战。楚国司马子反口中饥渴索要能喝的，他的仆人阳谷捧着酒敬献给他。子反做人嗜酒贪杯，于是就一口一口地喝起来，结果就喝醉睡着了。楚恭王想要重新开战，就派人去叫司马子反过来，子反谎称心痛病发作不受召令。恭王于是驾车亲往探望，一进军中帐篷便闻到浓浓的酒味。恭王大怒说："今大的战斗，我自己受了伤，所能依赖的就是司马你了，然而司马你又成了这个样子，你这是忘了楚国的江山社稷，不抚恤我的士兵啊！我没法再与晋军打下去了！"于是收兵撤退，并以耽误战事的罪名杀子反示众。仆人阳谷给子反酒喝不是想害了他，实在是爱护子反，想让子反快乐，但想不到恰恰是害了子反。这就是想给人好处反而害了他。……

有功者人臣之所务也,有罪者人臣之所辟也。或有功而见疑,或有罪而益信。何也?则有功者离恩义,有罪者不敢失仁心也。

魏将乐羊攻中山,①其子执在城中,城中县其子以示乐羊。②乐羊曰:“君臣之义,不得以子为私。”攻之愈急。中山因烹其子,而遗之鼎羹与其首。③乐羊循而泣之,④曰:“是吾子已!”为使者跪而啜三杯。使者归报,中山曰:“是伏约死节者也,⑤不可忍也。”遂降之。为魏文侯大开地有功。自此之后,日以不信。此所谓有功而见疑者也。

【注释】

①乐羊:战国时期魏国大将。乐羊初为魏相门客,后因大败中山国而成名。中山:中山国,前身为北方狄族鲜虞部落,姬姓。公元前407年,中山国被乐羊率领魏军占领。

②执:抓捕。县:悬挂,这里指吊在城楼上让乐羊看。

③遗:留给。鼎羹:用鼎盛的肉汤。

④循:来回触摸。

⑤伏约:为誓约倒地牺牲。死节:因为气节而死。

【译文】

臣下都希望能够建功立业,臣下也都想要避开过错。然而有时候建功立业会被怀疑,有过错反而更被信任,这是因为什么呢?是因为有功的人背离了恩义而获得功劳,有过错的人因为不敢失去仁爱之心而犯错。

魏国大将乐羊率军攻打中山国,乐羊的儿子被抓到中山国城中。城中的人把他儿子吊起来展示给乐羊看。乐羊说:“为了君臣之间的深情大义,我不能为了儿子而有私情。”于是对中山国的进攻更猛烈了。中山城里的人于是把他儿子煮熟了,将煮好的肉汤用鼎盛着连同他儿子的脑袋,一起留给了乐羊。乐羊来回触摸着儿子的头,哭着说:“这果然是我的儿子啊!”说完向使者跪下,喝下一杯肉羹。使者回去报告:“这是一个为了誓约而死，为了节气而亡的人，没办法恐吓他。”于是中山国开门投降了。乐羊为魏文侯扩大领土建立了大功。但从这件事之后，乐羊却越来越不被信任。这就是建功立业反而会被怀疑。

何谓有罪而益信？孟孙猎而得麑，使秦西巴持归烹之。[1]麑母随之而啼。秦西巴弗忍，纵而予之。孟孙归，求麑安在，秦西巴对曰：“其母随而啼，臣诚弗忍，窃纵而予之。”孟孙怒，逐秦西巴。居一年，取以为子傅。[2]左右曰：“秦西巴有罪于君，今以为子傅，何也？”孟孙曰：“夫一麑而不忍，又何况于人乎？”此谓有罪而益信者也。……

【注释】

①孟孙：孟孙氏，鲁国三桓之一，出于鲁桓公，鲁桓公生公子庆父，其后为孟孙氏。秦西巴：人名，孟孙氏侍从。

②取：召回。傅：老师。

【译文】

什么情况是有过错反而更被信任？鲁国的孟孙氏猎获了一头小鹿，让侍从秦西巴拿回家去蒸煮。母鹿跟随在他的身后哀鸣不止。秦西巴不忍心就放开小鹿，还给了母鹿。孟孙氏回到家就问小鹿在哪里，秦西巴回答说：“这小鹿的母亲在我身后不停地哀啼，我实在不忍心，于是自作主张放掉了小鹿还给了母鹿。”孟孙氏一气之下就赶走了秦西巴。过了一年，孟孙又将秦西巴召回来担任他儿子的老师。孟孙氏身边的人说：“秦西巴曾经犯错得罪了您，今天您却让他当您儿子的老师，为什么？”孟孙说：“他连一头小鹿都不忍心伤害，更何况是对人呢？”这就是犯有过错却更被信任的情况。……

事或夺之而反与之，或与之而反取之。

智伯求地于魏宣子，[1]宣子弗欲与之。任登曰：[2]“智伯之强，威行于天下。求地而弗与，是为诸侯先受祸也。不若与之。”宣子曰：

“求地不已,为之奈何?”任登曰:“与之使喜,必将复求地于诸侯,诸侯必植耳,[3]与天下同心而图之。一心所得者,非直吾所亡也!”[4]魏宣子裂地而授之。又求地于韩康子,[5]韩康子不敢不予。诸侯皆恐。又求地于赵襄子,[6]襄子弗与。于是智伯乃从韩、魏围襄子于晋阳。三国通谋,擒智伯而三分其国。此所谓夺人而反为人所夺也。

【注释】

①魏宣子:晋国大夫,名驹,魏家的领袖。

②任登:春秋战国之际赵国国君赵襄子的大臣,有美名。

③植耳:直起耳朵,形容保持警觉。

④直:只是。

⑤韩康子:晋国大夫,名虎。晋国韩氏的领袖。

⑥赵襄子:晋国大夫,名毋恤。晋国赵氏的领袖。

【译文】

有些事情还表现为:要夺取人家的反而被人家夺走,先给予别人反而是为了夺取别人的。

智伯向魏宣子索取土地,魏宣子不想给他土地。谋臣任登说:“智伯现在正强盛,他的威势遍及天下,他开口要土地,如果不给,这无异是替其他诸侯先承担灾难,不如给他算了。”魏宣子接着说:“如果智伯没完没了地向我们索取土地,那又该如何是好?”任登说:“魏家先给他一点土地,智伯尝到甜头后,他会同样向别的诸侯要土地,诸侯们肯定会直起耳朵对他保持警惕,到时我们就可和各诸侯同心协力来对付智伯了。这样一来,我们从中可获得的好处就不仅仅是我们丧失的那点东西了。”魏宣子听从了任登的话,割让了一些土地给智伯。智伯尝到甜头后果然向韩康子索要土地,韩康子不敢不给,诸侯们此时是一片恐慌。随后,智伯又向赵襄子索要土地,赵襄子回绝了他。于是智伯就胁迫韩、魏两家攻打赵襄子,并将赵襄子围困在晋阳城中。但此时的赵、韩、魏三家已暗中联合谋取智伯,在晋阳打败了智伯的军队并擒获了他,将他专政的晋国一分为三。这就是本想夺取人家的反而被人家夺走。

卷十九　修务训

或曰："无为者，寂然无声，漠然不动，引之不来，推之不往，如此者，乃得道之像。[①]"吾以为不然。尝试问之矣：若夫神农、尧、舜、禹、汤，可谓圣人乎？有论者必不能废。[②]以五圣观之，则莫得无为明矣。

【注释】

①像：形象，样子。

②废：抛弃，否认。

【译文】

有人说："所谓无为，就是静悄悄不说话，冷漠不行动；拉他他不来，推他他不去。这么做才像是把握了'道'的样子。"我则不是这样认为的。尝试着问问：比如神农、尧、舜、禹、汤，他们可以说是圣人吧？明白事理的议论者肯定不会否认。从这五位圣人身上，可以看出他们不可能是"无为"的，这是十分明显的。

古者民茹草饮水，[①]采树木之实，食蠃蚌之肉，[②]时多疾病、毒伤之害。于是神农乃始教民播种五谷，相土地宜燥湿肥硗高下；[③]尝百草之滋味，水泉之甘苦，令民知所避就。当此之时，一日而遇七十毒。

尧立孝慈仁爱，使民如子弟。西教沃民，[④]东至黑齿，[⑤]北抚幽都，[⑥]南道交趾。[⑦]放讙兜于崇山，[⑧]窜三苗于三危，流共工于幽州，殛鲧于羽山。[⑨]

舜作室，筑墙茨屋，[⑩]辟地树谷，令民皆知去岩穴，各有家室。南征三苗，道死苍梧。

禹沐浴霪雨，栉扶风，[11]决江疏河。凿龙门，辟伊阙，修彭蠡之防，[12]乘四载，[13]随山刊木，平治水土，定千八百国。

汤夙兴夜寐，以致聪明；轻赋薄敛，以宽民氓；[14]布德施惠，以振困穷；吊死问疾，以养孤孀。百姓亲附，政令流行。乃整兵鸣条，[15]困夏南巢，[16]谯以其过，[17]放之历山。

【注释】

①茹：食也，吃。

②蠃（luò）：通"螺"，田螺之类的水生动物。蚌：河蚌。

③硗（qiāo）：形容土地坚硬而瘠薄。

④沃民：传说西方的少数民族。

⑤黑齿：传说中的东方国名，以该国居民牙齿黑为名。

⑥幽都：幽州，天下九州之一，在今河北北部及辽宁一带。

⑦交趾：泛指今五岭以南地区，古有交趾郡。

⑧讙（huān）兜：中国古代传说中的三苗族首领，传说因为与共工、鲧一起作乱，而被尧流放至崇山。

⑨殛（jí）：诛，杀死。鲧（gǔn）：相传是大禹的父亲，引用堵塞的方式治水失败，被舜杀于羽山。

⑩茨屋：茅草屋。

⑪栉（zhì）：本义是梳子和篦子的总称，像梳子一样密。扶风：大风。

⑫龙门：山名，山西省河津市黄河中游。伊阙：山名，即今河南省洛阳市区南约两公里处的龙门。彭蠡：彭蠡湖，一说为鄱阳湖古称。防：防洪大堤。

⑬四载：四种运输方式，即下文的"水之用舟，沙之用鸠，泥之用輴（chūn），山之用蔂（léi）"。

⑭民氓：普通百姓。

⑮鸣条：地名，商汤在此击败夏桀，灭亡夏朝。

⑯南巢：地名，今安徽巢县。商汤把夏桀流放在南巢。

⑰谯（qiào）：本字通"诮"，责问，责备。

【译文】

远古时候,人民吃野菜、喝生水,采树上的果实充饥,吃生的螺蚌肉果腹,经常得疾病和受到有毒食物的伤害。这时,神农便开始教导人民播种五谷,观察土壤的干燥潮湿、肥沃贫瘠、地势高低,看它们各适宜种什么样的农作物,神农还品尝各种植物的滋味、试喝各种泉水的甜苦,让人民知道怎样避开有害的东西、选择有益的事物。那时,神农一天之中要遭受七十余次的中毒。

尧帝确立奉行孝慈仁爱,对待人民就如同对待自己的子女和兄弟。他亲自到西方教化沃民国,向东到达黑齿国,到北部的幽都做安抚工作,到南方的交趾传道。他将谨兜流放到崇山,把有苗迁徙到三危,把共工流放到幽州,又在东方的羽山将鲧杀死。

舜帝建造了房屋,修筑了土墙,用茅草、芦苇盖屋顶,使人民不再住野外穴洞,都有了房屋家室。他又去南方征讨作乱的三苗,死在去苍梧的途中。

夏禹顶着狂风暴雨,疏通了长江黄河,挖通了龙门山,劈开了伊阙山,修筑彭蠡湖防洪大堤,乘坐四种运输工具,奔忙在河道、平原、丘陵、沼泽,随着山势砍削树木做记号,平整土地、治理水域,这样安定了一千八百个国家。

商汤起早摸黑,用尽智慧思考国家大事;减轻赋税,使人民能过得宽松富裕;布施德惠,以救济贫困;凭吊死者,又宽慰病人,供养孤儿寡母。因此人民都热爱并归附商汤,使他的政令能顺利执行。于是商汤在鸣条摆兵布阵打败夏桀,把夏桀围困在南巢,谴责夏桀的罪行,然后把他流放到历山。

此五圣者,天下之盛主,劳形尽虑,为民兴利除害而不懈。奉一爵酒,不知于色,[①]挈一石之尊,[②]则白汗交流,又况赢天下之忧,[③]而任海内之事者乎?其重于尊亦远也。且夫圣人者,不耻身之贱,而愧道之不行;不忧命之短,而忧百姓之穷。是故禹之为水,以身解于阳盱之河;[④]汤旱,以身祷于桑山之林。圣人忧民如此其明也,而称以无为，岂不悖哉？

【注释】

①爵：古代饮酒的器皿，三足，以不同的配套形状显示使用者的身份。不知于色：酒杯轻不吃力，面不改色。

②挈：举起。石（dàn）：古代重量单位。《汉书·律历志上》："三十斤为钧，四钧为一石。"尊：尊，今作樽，是中国古代的一种大中型盛酒器。尊的形制圈足，圆腹或方腹，长颈，敞口，口径较大。

③赢：能够承担。

④解：以愿意献身来祈祷神灵保佑，解除祸患。以身解：与下文"以身祷"同义，都是以自己的身体为牺牲来祈祷神灵。

【译文】

这五位圣王，都是天下威望很高的君王，他们劳心费力，为人民兴利除害不敢有丝毫的松懈。捧一爵酒轻而易举，面不改色，但要举起装有一石酒的樽，就要汗流浃背了，更何况要能承担起天下的忧患和处理好海内外的事情呢？这一副担子要比一樽酒重得多。再说，圣人又不因为地位低贱感到耻辱，倒是为自己不行推行"道"感到惭愧；圣人不忧虑自己的寿命短暂，倒是忧虑百姓生活贫穷困苦。所以夏禹治水，是拿自己的身体为牺牲，在阳盱河边祈祷神灵消除灾难；商汤时干旱，他就在桑山之林祈祷，愿意以自己的身体为牺牲求苍天降雨。圣人忧虑人民疾苦的事情已经很明显了，还要说他们"无为"，这难道不荒谬吗？

且古之立帝王者，非以奉养其欲也；圣人践位者，非以逸乐其身也。为天下强掩弱，[①]众暴寡，诈欺愚，勇侵怯，怀知而不以相教，积财而不以相分，故立天子以齐之。为一人聪明而不足以遍照海内，故立三公九卿以辅翼之。绝国殊俗、僻远幽闲之处，不能被德承泽，故立诸侯以教诲之。是以地无不任，时无不应，官无隐事，国无遗利，所以衣寒食饥、养老弱而息劳倦也。若以布衣徒步之人观之，[②]则伊尹负鼎而干汤，[③]吕望鼓刀而入周，[④]伯里奚转鬻，[⑤]管仲束缚，[⑥]孔子无黔突，墨子无暖席。[⑦]是以圣人不高山、不广河，蒙耻辱以干世主，非以贪禄慕位，欲事起天下利，而除万民之害。盖闻传书曰：“神农憔悴，尧瘦臞，舜霉黑，禹胼胝。”[⑧]由此观之，则圣人之忧劳百姓甚矣。

【注释】

①掩：掩盖，指吞并。

②布衣徒步之人：穿着布衣徒步行走的人，指普通百姓。

③伊尹：商汤的重要谋臣，传说是厨师出身。鼎：煮食物的锅。干：谋求效劳的机会。传说伊尹以厨师身份接近商汤，获得任用。

④吕望：姜太公吕尚，周文王的重要谋臣，辅佐周文王和周武王灭商建立周朝。鼓刀：拿着刀。史载姜太公曾在朝歌宰牛为生。

⑤伯里奚：百里奚，原为虞国大夫，晋国灭亡虞国时俘虏了他，作为陪嫁之臣送入秦国，逃往楚国，又被楚人俘获。后来秦穆公听说他贤能，以五张羊皮把他赎回，成为秦国名臣。鬻：卖掉。

⑥管仲：春秋齐桓公的相国，曾经用弓箭射中齐桓公的腰带，鲁国将管仲囚缚，送回齐国，齐桓公没有追究管仲的罪过，反而任命他为相。

⑦黔突、暖席：烧黑烟囱、坐热坐垫。黔，黑。突，烟囱。都是形容时间紧迫，来不及做这两件事。

⑧臞（qú）：瘦瘪。霉黑：皮肤有斑且黑。胼胝（pián zhī）：俗称“老茧”，手掌、足底长的茧。

【译文】

何况古代的人们拥立帝王，不是为了供奉满足帝王的欲望；圣人登上王位，并不是为了使自己安逸享乐。这是因为天下出现以强凌弱、以多欺少、以诈骗愚、以勇侵怯、满腹经纶不肯指导别人、积财满堂不肯给济别人的现象，所以立天子来统一天下，公平处理。因为靠一个人的才智难以处理好整个海内的事务，所以又设立了三公和九卿来辅佐他。还因为遥远异邦、偏僻地区无法承受到帝王天子的德泽，所以册封诸侯来教化那里的人们。通过这样安排，土地没有不开发利用的，遵守时节没有不合时宜的，官吏无不尽职，国家无不获益，所以使饥饿寒冷的人能够吃饱穿暖，年老体弱的人能得到赡养，使辛苦劳累的人可以休息。从普通百姓角度来看，伊尹曾以烹调技术取得商汤的重用，吕望是由操刀屠牛入仕周朝，百里奚曾多次被转卖为奴，管仲曾被捆绑拘捕过，孔子长年周游列国，家中的烟灶也没熏黑过，墨子四处奔走，炕席都从没坐暖过。圣人不怕山高、不惧河宽，不惜遭受羞辱去劝说各国的君主，并不是为了获得爵位利禄，不是为了掌握权势，而是要为天下人谋求利益，为百姓清除危害。听古书上说："神农神情憔悴，尧身体瘦瘪，舜皮肤发霉黑黢黢的，大禹手和脚上都长满老茧。"这样看来，圣人为百姓操心受累，到了何等程度啊！

故自天子以下至于庶人，四肢不动，思虑不用，事治求澹者，[①]未之闻也。夫地势水东流，人必事焉，然后水潦得谷行。[②]禾稼春生，人必加功焉，故五谷得遂长。听其自流，待其自生，则鲧、禹之功不立，而后稷之智不用。若吾所谓无为者，私志不得人公道，[③]嗜欲不得枉正术，循理而举事，因资而立功，[④]权自然之势，而曲故不得容者，[⑤]事成而身弗伐，[⑥]功立而名弗有，非谓其感而不应，攻而不动者。若夫以火熯井，[⑦]以淮灌山，此用己而背自然，故谓之有为。若夫水之用舟，沙之用鸠，泥之用辅，山之用蔂，[⑧]夏渎而冬陂，[⑨]因高为田，因下为池，此非吾所谓为之。……

【注释】

①澹(shàn)：通"赡"，赡养，这里指实现目标，满足欲望。

②水潦：因雨水过多而积在田地里的水或流于地面的水。谷：山谷，这里指水道。谷行：水顺着河道流动。

③私志：个人意志。公道：公认的道理。

④资：资本，条件，指根据客观条件。

⑤曲：歪曲。故：世故，这里指歪门邪道。

⑥伐：自我夸赞，骄傲自满。

⑦熯(hàn)：使温暖，使热。

⑧舟、鸠、辐(chūn)、蔂(léi):前文所说的四种交通工具。鸠:在沙地上行驶的小车,不会陷入沙地里。辐:古代行泥泞道路的一种交通工具。车底类似于雪橇,便于滑行,可以防止车轮陷入泥中。蔂:(藤制的)筐子。

⑨渎(dú):水沟。陂(bēi):水岸。

【译文】

所以从天子到百姓,想不动手不抬脚,不费心思就能将事情办好,就能满足欲望,从没听说过有这种事情。地势向东部倾斜,所以江河都往东流入大海,但这必须经过人对江河的治理疏导,才能使水顺着河道向东奔流;禾苗庄稼在春季生长发育,但必须人加以耕耘管理,到秋天五谷才能丰收。假若听任水自流,待苗自长,那么鲧和禹的功绩也就无从建立,后稷的智慧也就无用。所以我所说的"无为"是指个人意志不能干扰公认的道理,个人的嗜欲不能影响正确的规律,人要遵循事理来做事,根据实际情况来成就事业,权衡自然之势,而歪门邪道不得参与其中,事情成功了不骄傲自满,功业树立了不独自占有;并不是对感触没有反应,有压力也无动于衷。至于用火使井里的水变热,将淮河水引上山冈浇灌,这些都只是根据自己的意愿而违背的自然规律,所以这也被称作"故意做事"。而像在水中乘船,在沙地行走用鸠车,在泥路中地行走用辐,在山地行走用蔂,夏天疏通水沟,冬天修建池塘,在高出的地方开垦田地,在低洼处开掘河塘,这些做法就不是我所指的人为故意做事。……

世俗衰废,而非学者多:"人性各有所修短,若鱼之跃,若鹊之驳,[①]此自然者,不可损益。"吾以为不然。夫鱼者跃,鹊者驳也,犹人马之为人马,筋骨形体所受于天,不可变。以此论之,则不类矣。夫马之为草驹之时,跳跃扬蹄,翘尾而走,人不能制。龁咋足以噆肌碎骨,[②]蹶蹄足以破卢陷匈。[③]及至圉人扰之,[④]良御教之,掩以衡扼,连以辔衔,则虽历险超堑,弗敢辞。故其形之为马,马不可化,其可驾御,教之所为也。马,聋虫也,而可以通气志,犹待教而成,又况人乎!

【注释】

①驳:杂乱。

②龁(hé):用牙齿咬东西。咋(zé):啃咬。噆:(zǎn):含住切断。

③蹶:用一脚或双脚猛踢,尤指马、骡等动物用后腿向后踢。卢:通"颅",头颅。匈:通"胸",胸腔。

④圉人:马夫。

【译文】

世俗日益颓废衰败,很多人非议学习的必要性,他们认为:"人性各有长短,像鱼的腾跃一样不齐,像喜鹊的羽毛一样颜色杂乱,这都是自然的情况,没办法减少也没法增加。"我不认为是这样。鱼腾跃不齐、喜鹊羽毛颜色杂乱,就像人是人、马是马,筋骨形体都是天生的,确实无法改变。但用这些事例来论证学习这件事就没有可比性。当马还是马驹未加调教之时,它是扬蹄蹦跳,翘起尾巴奔跑,人不能控制它,它用牙咬人可以切断人的肌肉、骨头,用蹄踢人能踢破人的头颅、胸膛。但等到马夫驯服它后,优秀驭手调教驾驭它后,给它套上轭头、系上缰绳后,那么就是让它经历险境、跨越壕沟,它也不敢拒绝。所以从马的形体来讲,它不可以改变成其他动物;但是从它的功能来说可以被驾驭,则是因为调教的缘故。马没有自己的意识却能够执行人的意志,经过调教驯服就可以变得有用,更何况有意识的人呢?

且夫身正性善,发愤而成仁,帽凭而为义,①性命可说,②不待学问而合于道者,尧、舜、文王也;沉湎耽荒,③不可教以道,不可喻于德,严父弗能正,贤师不能化者,丹朱、商均也。④曼颊皓齿,形夸骨佳,⑤不待脂粉芳泽而性可说者,西施、阳文也;啳睽哆吻,⑥籧蒢戚施,⑦虽粉白黛黑弗能为美者,嫫母、仳倠也。夫上不及尧、舜,下不及商均;美不及西施,恶不若嫫母,此教训之所喻也,而芳泽之所施。

【注释】

①帽(wèi)凭:盈满的样子,指慷慨激昂。

②说：通“悦”，高兴。

③湎(miǎn)：沉溺于饮酒。耽荒：寻欢作乐无节制。

④丹朱：传说是尧的儿子，其个性刚烈，做事坚决有主见，欠和顺和政治智慧，被尧视为“不肖乃翁”，于是尧禅位于舜而不传丹朱。商均：传说是舜的儿子，舜认为他智力平平，舜禅位于禹而不传商均。

⑤曼：柔美，细润。夸：通“姱”(kuā)，漂亮。

⑥啳：通“颧”，颧骨。睽(kuí)：斜视。哆(chǐ)：嘴巴很快地咀嚼。呴(huī)：歪嘴。

⑦籧篨(qú chú)：身有残疾不能俯视的人(脊椎强直者)，鸡胸。戚施：驼背。以蟾蜍四足据地，无颈。不能仰视，故喻。

【译文】

再说那天生正直、本性善良、发愤图强成就仁德、慷慨激昂成全正义、天性令人喜悦，不必学习便可和道相合，这样的人也只是尧舜、周文王等人；而那些沉湎于荒淫之中、无法用道德来教化、不可以德仁来晓喻、严父都不能使他正派、良师都不能使他感化，这样的也只是丹朱、商均等少数人。肤色细润、牙齿洁白、体态漂亮、骨架均称、不施粉脂就能让姿态容貌迷人的，也只有西施和阳文。而缺牙斜眼歪嘴、鸡胸驼背，即使用白粉扑面、黛青画眉也不能变美的，也只有嫫母和仳倠。而大部分的人是上不及尧舜那样圣明崇高，下也不至于像商均那样卑鄙不屑，漂亮也比不上西施，说丑也不至于像嫫母，这绝大多数的人都是可以教化训导，都是可以化妆变美的。

卷二十　泰族训

天设日月，列星辰，调阴阳，张四时。日以暴之，[①]夜以息之，风以干之，雨露以濡之。其生物也，莫见其所养而物长；其杀物也，莫见其所丧而物亡，此之谓神明。圣人象之，故其起福也，不见其所由而福起；其除祸也，不见其所以而祸除。……夫湿之至也，莫见其形，而炭已重矣；风之至也，莫见其象，而木已动矣。日之行也，不见其移，骐骥倍日而驰，草木为之靡，[②]县燧未转，[③]而日在其前。故天之且风，草木未动而鸟已翔矣；其且雨也，阴曀未集而鱼已噞矣，[④]以阴阳之气相动也。故寒暑燥湿，以类相从；声响疾徐，以音相应也。故《易》曰："鸣鹤在阴，其子和之。"[⑤]……天之与人有以相通也，故国危亡而天文变，世惑乱而虹霓见，万物有以相连，精祲有以相荡也。[⑥]……

【注释】

①暴：通"曝（pù）"，在烈日下猛晒。

②骐骥：骏马，千里马。倍：通"背"，背离，反方向。靡：倾倒。

③燧：古代边防报警的烟火，指烽火台。有警报时，前一烽火台点燃，后一烽火台也要点燃，这样依次传递警报。未转：烽火还来不及传递，比喻速度快。

④曀（yì）：阴沉而有风；昏暗。

⑤"鸣鹤"二句：见《周易·中孚·九二》。阴：通"荫"，树荫。子：同类。

⑥精祲（jìn）：阴阳灾害之气。

【译文】

上天陈设日月，布列星辰，调和阴阳，分为四季。白天阳光照耀，晚上就休息，刮风吹干大地，燥，降雨滋润大地。它生育培养万物，没有看到它抚养万物，万物却不断生长；它令万物枯死肃杀，没有看到它令万物死亡，万物就自然死去，这就是所说的神明。圣人效仿上天处事，所以他在给人们带来福祉时，看不见他有什么行动，但幸福却降临了；他为人们消除灾祸危害，看不到他采取了什么措施，灾祸危害就消除了。……潮湿的空气降临，并没有看到它的形态，但吸收了湿气的木炭的分量却增加了；风刮过来，看不到它的模样，树木却开始摇动了。太阳不停运行却看不到有移动的迹象，千里马背向太阳奔驰（传递烽火），速度之快令草木都为之倾倒，然而烽火还没有传到下一个烽火台之前，太阳就跑到了千里马的前面。所以上天将要刮风的时候，草木还没有摇动起来，飞鸟就先感到飞跑了；上天将要降雨，乌云还没有来得及汇集，水中的鱼儿就跳出水面呼吸了，这是因为阴阳之气相互侵犯搅动造成的。所以寒暑、燥湿，按照类别而相随从；声音回响的疾速、缓慢，按照音类而相呼应。《周易》说："鹤在树荫里鸣叫，它的同类小鹤在附近应和它。"……上天和人类是相通相互感应的，所以国家将要危亡的时候，上天就会显出征兆，世道将要混乱的时候，霓虹就会出现，各种事物都是相互关联的，阴阳相侵的灾祸之气互相激荡自有它的道理。……

凡可度者，小也；可数者，少也。至大，非度之所能及也；至众，非数之所能领也。故九州不可顷亩也，八极不可道里也，太山不可丈尺也，江海不可斗斛也。①故大人者，与天地合德，日月合明，鬼神合灵，与四时合信。②故圣人怀天气，抱天心，执中含和，不下庙堂而衍四海，③变习易俗，民化而迁善，若性诸己。④能以神化也。……圣人之治天下，非易民性也，拊循其所有而涤荡之。⑤故因则大，化则细矣。

【注释】

①顷亩：土地面积单位。这里指用顷亩作为九州面积的衡量单位。道里：长度单位。丈尺：长度单位。斗斛：重量单位。太山：泰山。

②信：守信，指四季按时交替。

③庙堂：太庙的明堂，是古代帝王祭祀、议事的地方，借指朝廷。衍：扩展。

④性诸己：自身自带的本性。

⑤拊：保护，抚慰。涤荡：清除附着的尘埃。

【译文】

凡是能够具体度量的肯定是小的；凡是可以计算清楚的肯定是少的。最大的东西是不可能度量出来的，最多的东西是不可能被计算清楚的。所以九州不可能度量它有多少顷亩，八极不可能计算出它有多少道里，泰山也难以测量出它有多少丈尺高，江海也无法测量出它有多少斗斛。所以，伟大的人物德行和天地相合，光辉与日月合明，灵气与鬼神相通，信用跟四季来临一样按时兑现。所以圣人怀抱上天的气魄，拥有上天的心胸，保持中庸与和气，不用走下朝廷就能过扩展到四海，改变人们的风俗习惯，教化百姓做好事，使他们觉得这么做是他们本性就有的。这就是能用精神感化。……圣人治理天下不是要替换人民的心性，而是抚慰他们的本性清除附在心性上的尘埃。所以，因循人们的本性，效果就显著；人为操作，教化他人，收效就细微。

禹凿龙门，辟伊阙，决江浚河，①东注之海，因水之流也。后稷垦草发菑，②粪土树谷，使五种各得其宜，③因地之势也。汤武革车三百乘，④甲卒三千人，讨暴乱，制夏、商，因民之欲也。故能因，则无敌于天下矣。

【注释】

①浚：疏通，挖深的意思。

②菑（zī）：荒地，古代指初耕的田地。

③五种：耕种的五种作物，即五谷。

④革车：用皮革包裹的车辆，指战车。

【译文】

大禹挖掘开龙门山，开辟了伊阙山，决开长江，疏导黄河，使江河水向东流入大海，这是顺应了水流的形势。后稷开垦荒地发展初步耕作的田地，给土地施肥种植五谷，使五谷各自按照自己合适的方式成长，这是根据土地的条件做到的。商汤和周武王分别用战车三百乘，带领战士三千人，讨平了暴虐和动乱，消灭了夏桀和商纣，这是顺应了百姓的愿望。所以能够因势利导，天下就没有对手了。

夫物有以自然，而后人事有治也。故良匠不能斫金，巧冶不能铄木，[①]金之势不可斫，而木之性不可铄也。埏埴而为器，[②]窬木而为舟，[③]铄铁而为刃，铸金而为钟，因其可也。驾马服牛，[④]令鸡司夜，令狗守门，因其然也。民有好色之性，故有大婚之礼；有饮食之性，故有大飨之宜；[⑤]有喜乐之性，故有钟鼓管弦之音；有悲哀之性，故有衰绖哭踊之节。[⑥]故先王之制法也，因民之所好而为之节文者也。因其好色而制婚姻之礼，故男女有别；因其喜音而正雅颂之声，故风俗不流；[⑦]因其宁家室、乐妻子，教之以顺，故父子有亲；因其喜朋友而教之以悌，故长幼有序。然后修朝聘以明贵贱，[⑧]飨饮习射以明长幼，[⑨]时搜振旅以习用兵也，[⑩]入学庠序以修人伦：[⑪]此皆人之所有于性，而圣人之所匠成也。

【注释】

①斫(zhuò)：砍断。冶：冶炼的工匠。

②埏(shān)埴：用水和泥。

③窬(yù)：中空，这里指挖空树干。

④服：驯服。

⑤飨(xiǎng)：用酒食招待客人，泛指请人受用。宜：通“仪”，礼仪。

⑥衰绖(dié)：穿丧服。踊：捶胸顿足。

⑦雅颂：本来是《诗经》的《大雅》《小雅》和《颂》，这里指高雅的乐曲。流：下流。

⑧朝聘：朝觐的礼仪。

⑨飨饮：设立宴席喝酒。习射：学习射术。宴饮时有射礼。飨饮和射

礼都按长幼进行。

⑩搜：通“叟”，检阅。振旅：提高军队士气。

⑪庠(xiáng)序：古代的地方学校，后也泛称学校或教育事业。

【译文】

万物都有其自然规律，人只有遵循这种规律，才能治理得更美好。所以优秀的木匠砍不断金属器物，灵巧的冶炼工匠无法熔炼木材，这是因为金属的特点决定了不能砍斫，木材的特性决定了不能熔炼。用水调和泥土制成陶器、挖空树干做成舟船、熔化金属铸造刀剑、熔铸金属造成钟，这都是依循它们各自的特性而做成的；骑马乘牛、让公鸡报晓、让狗守门护宅，这都是顺应了它们的本能特性。人的本性就有情欲，所以制定隆重的婚姻礼节；人的本性就有食欲，所以规定了宴请的礼仪；人的本性喜欢享乐，所以有钟鼓管弦的乐器和音乐；人的本性含有悲哀，所以制定了穿着丧服哭泣捶胸顿足的丧礼。所以先王制定法令礼仪，都是根据人的爱好来节制修饰的。根据人有情欲的本性，制定了婚礼，因而界定男女有别；根据人有喜乐的特性，制定了雅颂之音，因而风俗不至于变得下流；根据人们珍惜家庭安宁、妻儿快乐的愿望特点，教导人们和睦孝顺，因而父子间有亲情；根据人有喜交朋友的特点，教导人们敬重长者，因而长幼有序。在做到上述这些以后，再制定朝见天子的礼节，用以分别贵贱；规定宴酒习射的礼节，用以明确长幼次序；定时检阅车马、提振军队士气，来学习军事；让子弟进学堂学习，如此提高人伦道德修养。这些做法全都是根据人的特性来制定的，然后再由圣人来加以教导培养，打造成人才。

故无其性不可教训，有其性无其养不能遵道。茧之性为丝，然非得工女煮以热汤，而抽其统纪，[①]则不能成丝。卵之化为雏，非慈雌呕暖覆伏，[②]累日积久，则不能为雏。人之性有仁义之资，非圣人为之法度而教导之，则不可使乡方。[③]故先王之教也，因其所喜以劝善，因其所恶以禁奸，故刑罚不用而威行如流，政令约省而化耀如神。故因其性则天下听从，拂其性则法县而不用。[④]

【注释】

①统纪：头绪。

②呕暖覆伏：抚爱而使温暖，指孵化过程。

③乡：通"向"，朝向。方：目的，指大"道"。

④拂：背离。县：悬挂，指搁置。

【译文】

所以事物如果没有本性就没有办法教化它，如果人有本性却不去教导他，那么他就不能遵循自然之道。蚕茧本质上就是丝，但是如果不经过女工将蚕茧放到热汤里煮，抽出它的头绪来，蚕茧也就不能成为丝。鸡蛋本质上可以孵化出小鸡，但是如果没有母鸡把它放在身子下面温暖它、孵化它，这样日积月累，也孵化不出小鸡。人的天性本来就有仁义的潜质，但如果不经过圣人指定法律制度来教化引导，人也就不能走向自然之道。所以先王进行教化会顺着人们喜好的倾向劝导他们做好事，也会顺着他们讨厌的倾向来阻止他们做坏事，所以先王不动用刑罚，他的权威就像流水一样畅通无阻，发布的政令简单稀少，但教化的效果却辉煌灿烂有如神明。所以能够掌握人们的本性加以引导，他们就会顺从，违背人们的本性治理，即使制定法令悬在头顶也没有效用。

昔者五帝三王之莅政施教，[①]必用参五。[②]何谓参五？仰取象于天，俯取度于地，中取法于人。乃立明堂之朝，行明堂之令，[③]以调阴阳之气，以和四时之节，以辟疾病之灾。[④]俯视地理，以制度量，察陵陆水泽肥墽高下之宜，[⑤]立事生财，以除饥寒之患。中考乎人德，以制礼乐，行仁义之道，以治人伦，而除暴乱之祸。乃澄列金木水火土之性，[⑥]以立父子之亲而成家；别清浊五音六律相生之数，[⑦]以立君臣之义而成国；察四时季孟之序，[⑧]以立长幼之礼而成官。此之谓参。制君臣之义、父子之亲、夫妇之辨、长幼之序、朋友之际，此之谓五。乃裂地而州之，[⑨]分职而治之，筑城而居之，割宅而异之，分财而衣食之，立大学而教诲之，[⑩]夙兴夜寐而劳力之。[⑪]此治之纪纲也。……

【注释】

①莅(lì):到。莅政:执掌政权。

②参:三。参五,三五。

③明堂:是古代帝王所建的最隆重的建筑物,用作朝会诸侯、发布政令、秋季大享祭天,并配祀祖宗。参见《时则训》。

④辟:躲避。

⑤墽(qiāo):土地瘠薄。

⑥澄:澄清。

⑦五音六律相生之数:音律根据五行说的对应关系。参见《天文训》。

⑧季孟:每季三个月,以孟仲季排序。

⑨裂地:划分领地。州:古代的一种行政区划,所辖地区的大小历代不同,古代早期有九州之说。这里指设立州县。

⑩大(tài)学:太学。太学是中国古代的大学。太学之名始于西周。汉代始设于京师。

⑪夙:早上。

【译文】

过去五帝和三王执掌政权施行教化的时候,一定会依据"三五"原则。什么叫作"三五"原则?上效法天象、下效法地理、中取法人事。于是就设立明堂朝廷,颁布明堂政令,用来使阴阳之气调和,使四时节令和谐交替,避免发生疾病瘟疫。勘察地理形势,确定进行测量规度的办法,考察山冈平原水域及土地肥沃贫瘠高低各种条件以适宜种植何种谷物,安排生产创造财富,以消除饥寒之祸患。中考察人的德行,制定礼乐制度,推行仁义之道,理顺人与人之间的伦理关系,从而清除暴乱的灾祸。清楚列明金木水火土的特性,来确立父子之情从而建立家庭;分辨清晰和浑厚的五音六律相生的原则,来确立君臣之义从而形成国家;审察一年四季孟仲季的先后次序,来确立长幼间的礼节从而设置百官等级:以上三方面的考察及制定叫作"参"。规定君臣之间的节义、父子之间的亲情、夫妇之间的差异、长幼之间的次序、朋友之间的交际原则,这就叫作"五"。还划分土地使民众分属各州,分设官员进行治理,修筑城市让人们居住,划分不同的住宅区别不同的家庭,分配财物使民众有穿有吃,建立学校教育百姓子女，让他们早起晚睡辛勤工作：这是治理天下的纲纪。……

夫物未尝有张而不弛，①成而不毁者也。唯圣人能盛而不衰，盈而不亏。②神农之初作琴也，以归神。③及其淫也，反其天心。④夔之初作乐也，⑤皆合六律而调五音，以通八风。⑥及其衰也，以沉湎淫康，⑦不顾政治，至于灭亡。仓颉之初作书，⑧以辨治百官，领理万事，愚者得以不忘，智者得以志远。⑨至其衰也，为奸刻伪书，以解有罪，⑩以杀不辜。汤之初作囿也，以奉宗庙鲜犞之具，⑪简士卒，习射御，以戒不虞。及至其衰也，驰骋猎射，以夺民时，罢民之力。尧之举禹、契、后稷、皋陶，政教平，奸宄息，狱讼止而衣食足，贤者劝善，而不肖者怀其德。及至其末，朋党比周，各推其与，废公趋私，外内相推举，奸人在朝而贤者隐处。故《易》之失也卦，《书》之失也敷，《乐》之失也淫，《诗》之失也辟，《礼》之失也责，《春秋》之失也刺。

【注释】

①张、弛：指弓弦拉开和放松，这里比喻事物有盛衰。

②盈、亏：原来指月圆月缺，这里比喻圣人立于不败之地。

③归神：使精神得到涵养。

④淫：沉迷。反：违反。

⑤夔(kuí)：古代音乐家，生活在荒僻边缘的地方，具有非凡的音乐才能，后受到舜的赏识提拔为乐官，主理乐舞之事，是中国最早的音乐家。

⑥八风：八方的风俗。

⑦沉湎：嗜酒。淫康：沉迷于享受。

⑧书：文字。

⑨志：铭记。

⑩解：解脱。

⑪鲜：新鲜贡品。犞：干肉。

【译文】

事物没有只会张开不会放松的，没有只会成功没有失败的。只有圣人才能长盛不衰，像月亮那样圆满却没有缺损。神农创造了琴乐是为了涵养内心。到了人们过度沉迷弹琴的时候，就违反了天性。夔创作了音乐，使六律和五音都能够调和，使天下的风俗相互共通。到了衰亡的时代，使人们沉溺于享受娱乐，不顾及公正治理，直到使国家灭亡。仓颉发明了书写文字，是为了能够治理好下属百官，掌握情况理顺各种事务，使智力平平的人不会忘记事务，使有智慧的人能够铭记长远的经验。到了衰亡的时代，邪恶之人用它伪造文书，为罪人开脱罪行，杀害无辜的人。商汤建造园子蓄养生物，是为了能够为祭祀宗庙提供新鲜的贡品和干肉，是为了在这里检阅军队，教他们练习骑马射箭，防备国家出现意外情况。到了衰败的时代，动用民力建立园子则是为了骑马射猎，不仅耽误耕种的时间，还使人民疲惫不堪。尧任用禹、契、后稷、皋陶等贤人，使政治教化平和，平息奸诈邪恶的事情，消除了争执诉讼，使人民都能吃饱穿暖，连平庸的人都能感念他们的恩德。到了尧统治的末期，人们拉帮结派，推荐自己的同党，为了私利废弃公共利益，朝廷内外勾结推荐，结果奸诈邪恶的人掌控朝廷，而贤良能干的人隐藏山野不问政事。所以《易》被人误用来占卜算命，《书》被人误用来粉饰错误，《乐》被人误用来寻欢作乐，《诗》被人误用来逃避现实，《礼》被人误用来责罚别人，《春秋》被人误用来嘲讽时政。

卷二十一　要略

夫作为书论者，所以纪纲道德，经纬人事，上考之天，下揆之地，[①]中通诸理。虽未能抽引元妙之中才，[②]繁然足以观终始矣。[③]总要举凡，而语不剖判纯朴，靡散大宗，惧为人之惛惛然弗能知也，[④]故多为之辞，博为之说。又恐人之离本就末也，故言道而不言事，则无以与世浮沉；言事而不言道，则无以与化游息。[⑤]故著二十篇，有《原道》、有《俶真》、有《天文》、有《地形》、有《时则》、有《览冥》、有《精神》、有《本经》、有《主术》、有《缪称》、有《齐俗》、有《道应》、有《氾论》、有《诠言》、有《兵略》、有《说山》、有《说林》、有《人间》、有《修务》、有《泰族》也。

【注释】

①揆(kuí)：测量，掌握。

②抽引元妙之中：从元妙中提炼出来。才：通“哉”，文言语气助词。

③繁然：繁盛的样子。

④惛惛(hūn)然：稀里糊涂。

⑤化：造物主，指自然之道。游息：游荡和停息，指伴随，贴合。

【译文】

我之所以要著书立说是为了阐明法纪纲常和道德，理顺人间的各种事务，往上考察天道的运行，往下测度大地的情势，贯通天地之间的各种事理。这本书虽然没能从最玄妙高深的道理中提炼出精华，但内容繁盛足以令人知道事物的来龙去脉。如果只是总体上讲述大概的原则，却不解析原始的文字，不分析根本的道理，我担心人们稀里糊涂不能理解。所以我使用了各种修辞，引述了众多的故事，但又害怕人们偏离了根本道理，只了解细节。所以只说大道理不说具体的事情，就没有办法契合世间的俗务；只说具体的事情不归纳大道理，就没办法贴合自然之道。所以我就撰写了二十篇文章，分别是《原道训》《俶真训》《天文训》《地形训》《时则训》《览冥训》《精神训》《本经训》《主术训》《缪称训》《齐俗训》《道应训》《氾论训》《诠言训》《兵略训》《说山训》《说林训》《人间训》《修务训》和《泰族训》。

《原道》者，卢牟六合，[1]混沌万物，[2]象太一之容，[3]测窈冥之深，以翔虚无之轸。[4]托小以苞大，[5]守约以治广，使人知先后之祸福，动静之利害。诚通其志，浩然可以大观矣。欲一言而寤，则尊天而保真；[6]欲再言而通，则贱物而贵身；欲参言而究，则外物而反情。[7]执其大指，以内洽五藏，瀸涩肌肤，[8]被服法则，[9]而与之终身，所以应待万方，览耦百变也，[10]若转丸掌中，足以自乐也。

【注释】

①卢牟：规划。

②混沌万物：使万物处在混沌状态。

③象：使显出形象。象太一之容：呈现出太一的形态。

④轸（zhěn）：通“畛”，规定的范围，界限。

⑤苞：通“包”，包含。

⑥寤：通“悟”，顿悟。真：真实本性。

⑦参：通“叁”，三。究：推究。情：内在本性。

⑧指：通“旨”，主旨。洽：润恰。瀸涩（jiān sè）：润滑。

⑨被服：承受约束。

⑩览：通“揽”，总揽。耦：契合。

【译文】

《原道训》的内容是，统合规划了天地四方，了解了万物混沌状态的演化，使整个太一元气呈现出来，探测了幽暗昏冥的深远，翱翔在虚无的范围之内。假托小处入手来包含了大道理，用简约的语言阐述深广的规律，使人们知道先后顺序导致的灾祸幸福，动静带来的好处害处。如果真能理解这篇文章的主旨，浩浩然可以透彻领悟了。一句话可以使人顿悟，就是遵循上天保持本性。第二句话可使人贯通，就是看轻身外之物而注重本身。第三句话可使人透彻根本，就是将万物看作身外之物，返归自己的真实本性。如果能掌握本篇的主旨，就可以使五脏润恰，肌肤润滑，承受自然法则的约束，能和它一生伴随。可以用它来应对各种情况，能总揽各种变化与它相契合，就像把小球放在掌中转动把玩一样，能够从中体会到乐趣了。

《俶真》者，穷逐终始之化，嬴垺无有之精，[1]离别万物之变，合同死生之形，使人遗物反己。审仁义之间，通同异之理，观至德之统，知变化之纪，说符元妙之中，[2]通回造化之母也。[3]

【注释】

①嬴：环绕。垺(hū)：繁多。

②说：阐述。符：符合。元妙：高深的道理。

③通回：贯通回到。

【译文】

《俶真训》的内容是，探求自然界起始终结的变化规律，获得各种事物从有到无相生相克的精髓，具体剖析万物的变化过程，总结万物生长死亡的形体关系，使人们忘记外在的事物而回归本性。审查仁义的问题，通晓相同和不同的道理，观察了解最高道德境界的要领，知道千变万化的头绪，阐述高深道理的中心思想，贯通并回到自然演化的根源。

《天文》者，所以和阴阳之气，理日月之光，节开塞之时，[1]列星辰之行，知逆顺之变，[2]避忌讳之殃，顺时运之应，法五神之常，[3]使人有以仰天承顺，而不乱其常者也。

【注释】

①开塞：解禁和禁止。

②逆：反向，逆行。

③五神：金、木、水、火、土五星。

【译文】

《天文训》的内容是，用来和顺阴阳之气，梳理日月运行的规律，解禁和禁止做事情能够按照时节进行。列明星辰的运行轨迹，知道它们逆行还是顺行的变化，避免触犯忌讳导致的灾祸。顺应时令命运带来的感应，效法金木水火土五星的常态，使人们信奉天道顺其变化，而不扰乱正常的规律。

《地形》者，所以穷南北之修，极东西之广，经山陵之形，[①]区川谷之居，[②]明万物之主，知生类之众，列山渊之数，规远近之路，使人通回周备，[③]不可动以物，[④]不可惊以怪者也。

【注释】

①经：测量。

②区：区别，区分。居：所在的环境。

③通回周备：来回反复都能交通便利。

④物：身外之物。

【译文】

《地形训》的内容是用来穷究南北的长度，测量东西最大的宽度，度量高山丘陵的形势，区别江河山谷的分布和环境，明确万物的主宰，知道生物繁多的种类，列明山和水的数量，规划远近的道路，使人们能够反复来回交通便利，不会被外物所干扰，不会被怪物惊吓到。

《时则》者，所以上因天时，下尽地力，据度行当，[①]合诸人则，[②]刑十二节，[③]以为法式，终而复始，转于无极。因循仿依，[④]以知祸福，操舍开塞，各有龙忌，[⑤]发号施令，以时教期，[⑥]使君人者知所以从事。

【注释】

①度：时节的交替。行当：行动适当。

②人则：做人的道理。

③刑：受约束。十二节：指一年十二个月。

④仿依：仿效依从。

⑤龙忌：鬼神的忌日。

⑥教期：教化人们遵守期限。

【译文】

《时则训》的内容是用来说明因循上天的时令，利用好大地的产出，感觉时节的交替采取适当行为，切合做人的各种道理。受十二月节气的约束，把这些当作法定的依据，周而复始到无穷无尽之时。按照自然法则，依样效法，用来了解灾祸幸福的规律。持有还是舍弃，解禁还是禁止，都有各自对应的鬼神忌日，国君发号施令，根据时节教化人民，使天下的君主知道应该做什么。

《览冥》者，所以言至精之通九天也，至微之沦无形也，纯粹之入至清也，昭昭之通冥冥也。乃始揽物引类，览取挢掇，①浸想宵类，②物之可以喻意象形者；乃以穿通窘滞，③决渎壅塞，引人之意系之无极；乃以明物类之感，同气之应，阴阳之合，形埒之朕，④所以令人远观博见者也。

【注释】

①挢(jiǎo)：举，翘。掇：拾起来。

②浸想：沉思。宵：相似相像。宵类：相似的事物。

③窘：穷困。滞：停滞不通。

④埒(liè)：场地四周的土围墙。形埒：有形的边界。

【译文】

《览冥训》的内容是用来讲述最精微的可以上通九天，最微妙的会沉浸于无形之中，纯洁无瑕的人是最清明的，光辉灿烂贯通了幽深昏暗。然后总揽万物分别种类，上下求取，深思相似的事物，找出能用来比喻旨意修饰事物的；然后是讲不明白的能够讲透彻，使受阻的思路能够畅通，把人表达的意思和无穷的道理结合起来；然后阐明各种事物之间的感应，相同之气的应和，阴阳之气的融合，有形边界的迹象，以便使人能够观察深远见识广博。

《精神》者，所以原本人之所由生，[①]而晓寤其形骸九窍，取象与天。[②]合同其血气，与雷霆风雨比类；其喜怒，与昼宵寒暑并明。审死生之分，别同异之迹，节动静之机，[③]以反其性命之宗。所以使人爱养其精神，抚静其魂魄，不以物易已，而坚守虚无之宅者也。[④]

【注释】

①原本：还原本源。

②晓寤：通晓领悟。取象：获得相应的形象。与：于。

③机：变化的时机，转变的关键。

④宅：住所。所处的境界。

【译文】

《精神训》的内容是用来还原人产生的本源，从而通晓领悟人的形体、骸骨、五官九窍，都和上天的形象有着对应关系。统一整合人们的血气，和雷霆风雨相对应；人高兴愤怒和白天黑夜寒冷暑热一样分明。审视生和死的区别，区分相同和不同的迹象，掌握动静变化的关键，用来回归到人的性命的根源。以便使人们爱护保养自己的精神，安抚平静他们的魂魄，不会被外物改变自己的本性，从而坚守虚无的自然境界。

《本经》者，所以明大圣之德，通维初之道，[①]埒略衰世古今之变，[②]以褒先圣之隆盛，而贬末世之曲政也。[③]所以使人黜耳目之聪明，精神之感动，樽流遁之观，[④]节养性之和，分帝王之操，列小大之差者也。

【注释】

①维：句首助词。初：初始。

②埒略：概述。

③曲政：歪曲的政治，指弊政。

④樽：抑止。

【译文】

《本经训》的内容用来说明伟大圣人的德行，通晓维系初始的自然之道，概述世道如何衰败和从古至今的变化，用来赞扬先圣的繁荣昌盛，批评衰落世道的歪曲政治。以便使人们放弃耳聪目明减少外物干扰，使人的精神能够感应促动，抑止人们陷入流俗的观念，有节制地修养本性的和气，区分不同帝王的操行高下，列明他们的等级差别。

《主术》者，君人之事也，所以因作任督责，[1]使群臣各尽其能也。明摄权操柄，[2]以制群下，提名责实，考之参伍，[3]所以使人主秉数持要，不妄喜怒也。其数直施而正邪，[4]外私而立公，使百官条通而辐辏，[5]各务其业，人致其功，此《主术》之明也。

【注释】

①作任：安排事务和任免官员。

②摄、操：都是掌握、执掌的意思。

③参伍：三和五，即本书提到三数五数的要求。

④施：通"迤"，弯曲。直、正都是使动词，使弯曲变直，使歪斜变正。

⑤条通：同气连枝，指相互协作。辐辏(còu)：辐辏集于毂上，指团结在君主周围。

【译文】

《主术训》的内容是关于做君主的事情，君主以此安排事务任免官员，督促和责罚他们，使群臣都能够发挥自己的才能。明确君主掌握政权，可以制约群臣下属，根据名分来要求臣下从事实际工作，依据"三五"之数的标准来考察他们。可以用来使君主掌握标准和关键，不随意地高兴和发怒。他的方法是让斜行变正直，使邪恶被纠正，排除私心树立公正，使百官能够相互协作，团结在君主周围，各自从事自己的岗位，人人达到最大的功业,这是《主术训》要明确的。

《缪称》者,破碎道德之论,[1]差次仁义之分,[2]略杂人间之事,总同乎神明之德。[3]假象取耦,以相譬喻,[4]断短为节,以应小具,[5]所以曲说巧论,应感而不匮者也。

【注释】

①破碎:具体分解剖析。

②差次:区分差别等级。

③总同:全部归到。

④假:凭借。

⑤具:才能。

【译文】

《缪称训》具体剖析了道德的论述,区分了仁义的等级次序,稍微间杂人世间的事情,全部汇集在变幻莫测的大道之中。凭借事物形象的相似契合,相互比喻来说明道理,将大道理的论述裁剪成短文,满足才智平平的人的需要,以便迂回述说巧妙论述,使人们能够感化而不觉得乏味难懂。

《齐俗》者,所以一群生之短修,[1]同九夷之风气,[2]通古今之论,贯万物之理,财制礼义之宜,[3]擘画人事之终始者也。[4]

【注释】

①一:一视同仁。

②九夷:中原之外东方的九个少数民族,这里泛指天下。

③财:通"裁",裁定。财制:裁决,制定。

④擘(bó):大拇指。擘画:亦作"擘划",计划,布置。

【译文】

《齐俗训》是讲对待万物的长短优劣一视同仁,使天下各地的风俗相互融合,贯通从古至今的理论,掌握各种事物的规律,裁判制定礼仪的适宜规范，计划人间事务的来龙去脉。

《道应》者，揽掇遂事之踪，[1]追观往古之迹，察祸福利害之反，[2]考验乎老庄之术，而以合得失之势者也。

【注释】

①揽掇：包揽收拾。遂事：已经发生的事情。

②反：反转。

【译文】

《道应训》是讲包揽收集过往事情的经验教训，追究观察古往今来的运行轨迹，考察灾祸福气、好处坏处的反转，参考验证老子和庄子的治理办法，以便与得失的形势相对照。

《氾论》者，所以箴缕縩繺之间，[1]攕揳唲齵之隙也，[2]接径直施，[3]以推本朴，而兆见得失之变，利病之反，所以使人不妄没于势利，不诱惑于事态，有符曮晲，[4]兼稽时势之变，[5]而与化推移者也。

【注释】

①箴：通“针”，织针。箴缕：指用针线缝补。縩（cài）：象声字，行动时衣服摩擦的声音。繺（shā）：通两幅宽的巾。縩繺：泛指衣服着装。

②攕（xiān）：通“纤”，纤细。揳（xiè）：上粗下锐的小木橛。唲齵（wā yú）：牙齿参差不齐。

③接径：捷径。接径直施：指直截了当。

④曮（yǎn）：太阳升起运行。晲（nǐ）：太阳落下。

⑤稽：考察。

【译文】

《氾论训》讲的是像用针线穿插在衣缝之间，如同木楔补缀在齿缝之隙。通过捷径使曲道变成正直，以便推论事物的本来面目，从而预见得失的变化和好坏的反转，使人不沉迷于势利之中，不被事态的变化迷惑，符合太阳的起落规律，并且考察时势的变化，从而能跟随自然之道变化迁移。

《诠言》者，所以譬类人事之指，[1]解喻治乱之体也，差择微言之眇，[2]诠以至理之文，而补缝过失之阙者也。

【注释】

①指：通“旨”，主旨。

②差（chāi）择：区分择取。眇：通“妙”，精深玄妙。

【译文】

《诠言训》的内容是通过比喻类比的方式说明处理人间事务的主旨，通过解读比喻的方式揭示国家治理和动乱的基础，区分择取精深玄妙的言论，用最根本的道理加以解释，而用来补救治政的过失。

《兵略》者，所以明战胜攻取之数，形机之势，[1]诈谲之变，[2]体因循之道，[3]操持后之论也。所以知战阵分争之非道不行也，知攻取坚守之非德不强也。诚明其意，进退左右无所失，击危乘势以为资，[4]清静以为常，避实就虚，若驱群羊，此所以言兵也。

【注释】

①形机之势：形成有利战机的形势。

⑦诈谲之变：诡诈莫测的变化。

③体：体验，领悟。

④击危：进攻处在险境的敌人。乘势：凭借自己占据的有利形势。

【译文】

《兵略训》是用来说明战胜敌人、攻取敌阵的规律，形成有利的作战形势，诡诈莫测的计谋变化，体悟可以遵循的根本道理，掌握后发制人的策略。使人们知道战阵的争夺不讲规律是行不通的，使人们知道进攻和防御不讲德行难以强大。真能明白其中的深意，那么无论是前进后退还是左右攻守都不会有损失。凭借敌人处于险境我方处于有利形势来打击敌人,坚持头脑清醒心态平静的常态,避开有实力的敌人进攻虚弱的敌人,就像驱赶羊群。这就是所说的用兵问题。

《说山》《说林》者,所以窍窕穿凿百事之壅遏,[①]而通行贯扃万物之窒塞者也。[②]假譬取象,异类殊形,以领理人之意,解堕结细,[③]说捍抟囷,[④]而以明事埒者也。

【注释】

①窍窕:疏通,穿通。穿凿:贯穿挖通。壅遏:堵塞,阻止。

②扃(jiōng):从外面关门的闩、钩等。贯扃:贯通大门。

③解堕:使脱落。结细:绳结细密紧实。

④说:通“脱”,脱掉。捍:通“释”,释放。说捍:解脱。抟:聚合成一团。囷(qūn):圆形的谷仓。抟囷:凝结成一堆。

【译文】

《说山训》和《说林训》的内容是,疏通贯穿各种事情行不通的局面,就像通过敞开的大门一样贯通被窒息堵塞的万物。凭借比喻和类比的手法,区别不同的种类特殊的形式,用来领会治理人间事物的要义,解开细密结实的绳结,打开凝滞的疑团,从而使各种事情的界限划分明确。

《人间》者,所以观祸福之变,察利害之反,钻脉得失之迹,[①]标举终始之坛也。[②]分别百事之微,敷陈存亡之机,[③]使人知祸之为福,亡之为得,成之为败,利之为害也。诚喻至意,则有以倾侧偃仰世俗之间,[④]而无伤乎谗贼螫毒者也。

【注释】

①钻:钻研探索。脉:来龙去脉。钻脉:钻研事情的来龙去脉。

②标举:标记使显明。坛:通“嬗”,嬗变。

③敷陈：详尽陈述。

④倾侧偃仰：身体翻来覆去，形容四处周旋。

【译文】

《人间训》的内容，是用来观察祸福的变化，考察利害的正反演变，钻研事情得失的来龙去脉，揭示事物始终的更替关系。从细节上区分各种事情，详尽陈述生存和灭亡的机变，使人们知道灾祸也可以转变成福气，损失也可以转变成得益，成功可以导致失败，得到好处反而造成受害。如果真能晓谕其中的深意，那么就能在世俗社会上任意周旋，也不会被奸佞狠毒的人伤害了。

《修务》者，所以为人之于道未淹，[①]味论未深，[②]见其文辞，反之以清净为常，恬淡为本，则懈堕分学，[③]纵欲适情，欲以偷自佚，[④]而塞于大道也。今夫狂者无忧，圣人亦无忧。圣人无忧，和以德也；狂者无忧，不知祸福也。故通而无为也，与塞而无为也同，其无为则同，其所以无为则异。故为之浮称流说，[⑤]其所以能听，所以使学者孳孳以自几也。[⑥]

【注释】

①淹：淹没，指博大精深。

②味论：品味理论。

③分：分开。分学：放弃学业。

④偷：苟且，得过且过。

⑤浮称流说：随便用一些话来顺着说，华而不实浮躁的流行说法，人云亦云，停于表面不及实际。

⑥孳(zī)孳：通"孜孜"，孜孜追求。几：表示非常接近，相当于"几乎""差不多"。

【译文】

《修务训》的内容是针对有人对"大道"没有博大精深的理解，品味理论还不够深入，只重视那些表面的文辞，反而误把清静作为法则，将恬淡当成根本，于是就松懈堕落放弃学业，放纵欲望满足自己的需要，想得过且过放弃自我，这是没有通晓“大道”。现在骄狂的人看起来没有忧虑，圣人也没有忧虑。圣人没有忧虑是与德行调和的；骄狂的人没有忧虑，这是因为不知道祸福的发生。所以，晓“大道”使一切通顺的“无为”和不懂“大道”使一切行不通的“无为”，就“无为”的表现是相同的，但就他们实行“无为”的原因却是不同的。所以啊，随便用一些话来顺着说，华而不实人云亦云，那些不知道所以的人才会听懂，所以我希望学者能通过自己的孜孜追求去接近“大道”。

《泰族》者，横八极，致高崇，上明三光，下和水土，经古今之道，治伦理之序，总万方之指，而归之一本，以经纬治道，纪纲王事。乃原心术，理情性，以馆清平之灵，[1]澄澈神明之精，[2]以与天和相婴薄。[3]所以览五帝三王，怀天气，抱天心，执中含和。德形于内，以莙凝天地，[4]发起阴阳，序四时，正流方，[5]绥之斯宁，推之斯行。乃以陶冶万物，游化群生，唱而和，动而随，四海之内，一心同归。故景星见，[6]祥风至，[7]黄龙下，[8]凤巢列树，[9]麟止郊野。德不内形，而行其法藉，专用制度，神祇弗应，[10]福祥不归，四海弗宾，兆民弗化。故德形于内，治之大本。此《鸿烈》之《泰族》也。

【注释】

①馆：住所，动词用使得到安置。

②澄澈：使清澈。

③婴：怀抱。薄：迫近。

④莙(jūn)凝：使凝结成形。

⑤流方：天地四方。

⑥景星：大星；德星；瑞星。古谓现于有道之国。

⑦祥风：祥和的风。

⑧黄龙：象征太平盛世的龙。景星、祥风、黄龙，都是吉祥的征兆。

⑨列树：一棵树一棵树排列着。

⑩神祇："神"指天神，"祇"指地神，"神祇"泛指神。

【译文】

《泰族训》的内容是："道"横贯八极，至高无上，使上天日月星辰光明，使大地水土交融，它总结了古往今来的道理，设置了人伦秩序，总括各种方法的共同主旨，归纳成一体，作为治理国家的基本规范，成为从事王业的纲纪。然后还原人的本性，理顺人的性情，使清净平和的心灵得以安置，使精神的精华得以清澈光亮，可以和上天相互拥抱相伴。据此来观察三皇五帝，他们怀抱着天地阴阳之气，抱持着天然的心性，持守着中庸平和。从内心里形成德行，使天地可以凝聚，激励着阴阳之气的交融，给四时交替排好秩序，安定天地四方，安抚就能使天下安宁，推广就能通行于天下。然后以此来陶冶万物，教化众多生灵，他倡导就有应和，他行动就有跟随，四海之内团结一心。所以瑞星出现，祥和的风吹来，黄龙从天而降，凤凰的巢穴布列在树上，麒麟来到了郊外田野。德行不是发自内心形成，而只是根据法律制度行动，天神和地神都不会做出回应。幸福吉祥不会归来，四海之内不会宾服，万民也不能被教化。所以发自内心地形成德行，这才是根本的治理之道。这就是《鸿烈》中《泰族》的内容。

凡属书者，所以窥道开塞，①庶后世使知举错取舍之宜适，②外与物接而不眩，内有以处神养气，宴炀至和，③而已自乐所受乎天地者也。故言道而不明终始，则不知所仿依；④言终始而不明天地四时，则不知所避讳；言天地四时而不引譬援类，则不识精微；言至精而不原人之神气，则不知养生之机；⑤原人情而不言大圣之德，则不知五行之差；⑥言帝道而不言君事，则不知小大之衰；⑦言君事而不为称喻，则不知动静之宜；言称喻而不言俗变，则不知合同大指；⑧已言俗变而不言往事，则不知道德之应；知道德而不知世曲，则无以耦万方；知氾论而不知诠言，则无以从容；通书文而不知兵指，则无以应卒；⑨已知大略而不知譬谕，则无以推明事；知公道而不知人间，则无以应祸福；知人间而不知修务，则无以使学者劝力；欲强省其辞，览总其要，弗曲行区入，⑩则不足以穷道德之意。故著书二十篇，则天地之理究矣，人间之事接矣，帝王之道备矣。其言有小有巨，有微有粗，指奏卷异，[11]各有为语。今专言道，则无不在焉，然而能得本知末者，其唯圣人也。

【注释】

①窥道：窥视“道”，指发现自然之道。开塞：茅塞顿开，视野大开。

②庶：希望如此。错：通“措”，措施。

③宴：安乐；安闲。炀：火旺。

④仿依：效仿依从。

⑤机：机要。

⑥五行之差：指五行的分区和序列。

⑦衰（cuī）：等次，等级，等差。

⑧指：通“旨”，主旨。大指：根本主旨。

⑨卒（cù）：通“猝”，突然发生。

⑩区（gōu）：通“勾”，委婉。

⑪奏（còu）：通“凑”，凑合。指奏：契合主旨。

【译文】

但凡是写书的目的是用来窥察自然之道的开启和闭塞，希望使后人知道实行措施、择取和放弃是否恰当合适，在和外部事物接触时不受迷惑，在内心能够用来静处精神颐养元气，暖洋洋地达到最大的和气，从而使自己能够从天地之间得到快乐。因此谈论自然之道而不明白事物的来龙去脉，就不知道如何效仿；谈论事物的来龙去脉，而不熟悉天地四时的变化，便不知道回避忌讳；谈说天地四时的变化，而不去引用故事，用比喻类比来论证，便不知道精神为妙的道理；谈论最精深的道理却不还原人的精神气质，便不知道养生的机要；还原人的真实本性而不谈论圣人的德行，便不知道五行的等级差别，谈论天子之道而不说诸侯国君之事，便不知道大小的等次；谈论国君之事而不陈述比喻来具体讲解，便不知道掌握动静的适度；谈论具体的事理而不论及习俗的变化，便不知道共同道理的主旨；谈论习俗变化而不谈往古之事，就不知道道德的应用；了解道德的应用而不知道世事的曲折复杂,就难以契合事物的千变万化;知道泛泛之论而不知道阐明精微之言,便不能从容不迫;通晓书籍文章而不知道用兵的要旨,便没有办法应付突然变故;知道大要而不知道具体举例剖析,就没有办法推论明白事理;了解公正之道而不知道人间曲直,便不能应对祸福;知道人间之事而不了解努力进取,便不能来使学习的人勤奋学业。想尽力减少它的文字,总括的它的要点,但是不经过委婉曲折的引人入胜,便不能够穷尽道德的旨意。所以这本书分为二十篇,这样天地之间的道理都探究清楚了,人间的事理都揭示明白了,帝王治理天下的道理都已全备了。书中讲到的有小事情也有大事情,有的陈述很详细,有的陈述很粗略,每一篇都有不同的主题,都各有说法。现在专门谈论的大道,是无处不在的;但是能够得到根本而能知道末节的,恐怕只有圣人了。